UTB **3430**

Eine Arbeitsgemeinschaft der Verlage

Böhlau Verlag · Köln · Weimar · Wien
Verlag Barbara Budrich · Opladen · Farmington Hills
facultas.wuv · Wien
Wilhelm Fink · München
A. Francke Verlag · Tübingen und Basel
Haupt Verlag · Bern · Stuttgart · Wien
Julius Klinkhardt Verlagsbuchhandlung · Bad Heilbrunn
Lucius & Lucius Verlagsgesellschaft · Stuttgart
Mohr Siebeck · Tübingen
Orell Füssli Verlag · Zürich
Ernst Reinhardt Verlag · München · Basel
Ferdinand Schöningh · Paderborn · München · Wien · Zürich
Eugen Ulmer Verlag · Stuttgart
UVK Verlagsgesellschaft · Konstanz
Vandenhoeck & Ruprecht · Göttingen
vdf Hochschulverlag AG an der ETH Zürich

Uni Tipps

herausgegeben von Helga Esselborn-Krumbiegel

Edith Püschel

Selbstmanagement und Zeitplanung

Ferdinand Schöningh

Die Autorin:

Edith Püschel arbeitet als Diplom-Psychologin und Psychologische Psychotherapeutin in der Zentral-einrichtung Studienberatung und Psychologische Beratung der Freien Universität Berlin. Sie berät seit Jahren Studierende mit Arbeitsproblemen und Motivationskonflikten und führt Seminare zur Prävention von Studienproblemen wie Lernschwierigkeiten oder Schreibhemmungen durch. Sie ist Lehrtherapeutin, Supervisorin und Dozentin für Tiefenpsychologie an der Berliner Akademie für Psychotherapie.

Bibliografische Information der Deutschen Nationalbibliothek

Die Deutsche Nationalbibliothek verzeichnet diese Publikation in der Deutschen Nationalbibliografie; detaillierte bibliografische Daten sind im Internet über http://dnb.d-nb.de abrufbar.

© 2010 Ferdinand Schöningh, Paderborn
(Verlag Ferdinand Schöningh GmbH & Co. KG, Jühenplatz 1, D-33098 Paderborn)
ISBN 978-3-506-76884-1

Printed in Germany.
Herstellung: Ferdinand Schöningh, Paderborn
Einbandgestaltung: Atelier Reichert, Stuttgart

UTB-Bestellnummer: 978-3-8252-3430-0

Inhalt

Einleitung

> Zufriedenheit hängt weniger von Gesundheit oder dem
> Einkommen ab, als vom Vermögen, dem eigenen Selbstbild
> gerecht zu werden.

Erwartungen, Wünsche und allgemeine Zielvorstellungen zu Studienbeginn ähneln sich bei allen Studierenden: Das Studium soll interessant werden, motivierend, ein Aufbruch in Selbständigkeit und Erfolg. Die Hoffnungen entwerfen eine zufriedenstellende, erfüllende Zeit, die einerseits zu Wissenserwerb und umfassender Qualifizierung führt sowie andererseits Raum lässt, Interessen und Selbstbewusstsein zu entwickeln. Doch diese positiven Resultate stellen sich meistens nicht von selbst ein. Ein bewusstes, frühzeitig angelegtes Selbstmanagement schafft die Voraussetzung, dass die Studienzeit in persönlicher und beruflicher Hinsicht erfolgreich erlebt wird. Gutes Management bedeutet, wirksame Methoden zu kennen und diese entschieden, aber auch spezifisch anzuwenden, um den individuellen Bedürfnissen, Bedingungen und Anforderungen gerecht zu werden. Um komplexe Arbeitsprozesse effizient selbständig zu steuern – und genau das wird im Studium eingefordert –, sind differenzierte Planungs- und Lernkompetenzen unentbehrlich.

Eine sinnvolle Planung erstreckt sich dabei nicht nur auf die Verteilung von Arbeits- und Lernaufgaben, sondern bezieht auch die Gestaltung persönlicher Interessen und die Vernetzung im neuen Lebensumfeld mit ein. Das Ziel ist, den Alltag und die Arbeit so zu strukturieren, dass sowohl die Studienaufgaben als auch andere Verpflichtungen sich befriedigend erledigen lassen und ausreichend Freiräume bleiben für die anderen Dinge des Lebens. Diese verschiedenen Wünsche gilt es auszubalancieren, und dazu müssen Sie einerseits Ihre eigenen Fähigkeiten nutzen und sich andererseits neue Arbeitsmethoden aneignen.

Wie also organisiert man das Studium erfolgversprechend? Eigentlich ist es ganz einfach: **Werten Sie Ihre täglichen Erfahrungen systematisch aus!** Mit dem neuen Fachwissen nehmen Sie auch differenzierte Arbeitstechniken und Strategien des wissenschaftlichen Arbeitens auf. Wenn Sie jedoch lernen wollen zu entscheiden, wie Sie die Verfahren zweckmäßig einsetzen, müssen Sie Ihre Arbeitsabläufe beobachten, deren Effektivität beurteilen und Gewohnheiten aufbauen. Das alles glückt nicht auf Anhieb.

Doch mit einigen Hinweisen, dem Erproben geeignet erscheinender Vorschläge und einer Offenheit sich selbst gegenüber finden Sie mit der Zeit heraus, wie Sie ihr Studium optimal managen können. In der konstruktiven Auseinandersetzung mit den Schwierigkeiten, die sich im Studienalltag und bei der Bewältigung der Aufgaben ergeben, entwickeln Sie sich selbst zu ihrem besten Coach.

Die hier zusammengestellten Anleitungen zum erfolgversprechenden Studieren resultieren aus der Beratungsarbeit mit Studierenden. Die Erfahrung zeigt, dass es oft am ungünstigen Umgang mit Zeit und persönlicher Energie, fehlenden Zukunftsvorstellungen oder an handwerklichen Schwächen liegt, wenn das Studium zunehmend weniger Spaß macht, wenn man sich nicht mehr für notwendige, durchaus als sinnvoll anerkannte Arbeit motivieren kann oder trotz Anstrengung der Erfolg ausbleibt.

Natürlich fehlt es bei Niemandem vollständig an **allen** hier beschriebenen Aspekten, auch Studienanfänger/innen verfügen bereits über erprobte Lerngewohnheiten und Routinen in der Alltagsorganisation. Oft bringen sie aber auch eingeübte Ablenkungsmanöver und gewisse Nachlässigkeiten mit, die den Schulalltag angenehm gemacht haben, für selbstgesteuerte Arbeitsprozesse aber wenig förderlich sind. Deshalb zielt das erste Kapitel auf eine Überprüfung der eigenen Arbeitsorganisation und des Lernverhaltens ab und will Sie anregen zu entscheiden, in welcher Hinsicht Sie sich verändern möchten. In den weiteren Kapiteln werden Techniken und Verfahren vorgestellt, die das eigene Spektrum von Arbeits- und Alltagsgewohnheiten erweitern und ungünstige Verhaltensmuster gegebenenfalls korrigieren können.

Das Buch enthält außerdem Hinweise, wie Sie die Motivation aufrechterhalten können, die erfolgreichen Arbeitsstrategien zu etablieren. Bei wichtigen Vorhaben und größeren Arbeiten wird eine sorgfältige Strukturierung immer wieder auf's Neue notwendig. Dazu müssen Sie vielleicht einzelne Tipps wiederholt nachlesen, sich zu eigen machen oder darüber nachdenken, weshalb manch vernünftig erscheinender Rat so schwer anzunehmen ist. Das letzte Kapitel gibt Ihnen Ratschläge, wie Sie typischen Studienschwierigkeiten begegnen können.

Alle vorgestellten Planungs- und Arbeitstechniken sind den eigenen Bedürfnissen und Arbeitsrhythmen anzupassen. Deshalb ist es sinnvoll, die vorgeschlagenen Verfahren einfach einmal auszuprobieren. Die als geeignet erkannten Techniken müssen dann allerdings eingeübt werden: Man muss eine Zeit lang immer wieder bewusst eine bestimmte Abfolge von Arbeitsschritten durchlaufen und das eigene Verhalten überdenken, bis sich die neuen, erwünschten Handlungen zu Gewohnheiten verfestigt haben. Die Orientierung an selbstgesetzten Regeln und Strukturen gibt Sicherheit, und das Aufteilen komplexer Aufgaben in unterschiedlich zu bearbeitende und zeitlich kalkulierbare Teilschritte macht die Anforderungen überschaubar. Sicherheit und Transparenz sind das beste Mittel gegen Stress. Professionelles Verhalten beruht auf Kenntnissen, Zuversicht in die eigenen Fähigkeiten und sicheren Routinen.

Dieses Buch will Ihnen aufzeigen, welche Arbeitsstrategien sich bewährt haben und was sich tun lässt, damit aus Ihren guten Vorsätzen auch effiziente Routinen entstehen können. Finden Sie heraus, was hilfreich für Sie ist!

Begriffe, die im Text *kursiv* geschrieben sind, werden im Glossar erklärt.

1. Die Ausgangslage bestimmen

Weshalb nehmen Sie dieses Buch in die Hand? Vielleicht wollen Sie einfach von Anfang an alles richtig machen oder Ihre momentane Alltagssituation deutlich verbessern. Möglicherweise haben Sie in Ihrer Studienzeit bisher Erfahrungen gesammelt, mit denen Sie nicht (ganz) zufrieden sind, vielleicht stehen Einsatz und Erfolg in keinem angemessenen Verhältnis oder Studium und Freizeit sind nicht gut ausbalanciert, und das möchten Sie nun besser in den Griff bekommen. In jedem Fall wollen Sie Ihre Energie und Zeit effizient einsetzen und das Studium als einen positiven und erfolgreichen Lebensabschnitt erfahren.

Studienpläne, Prüfungsordnungen und Universitätsbürokratie setzen Ihrer (privaten) Alltagsorganisation und langfristigen Zielvorstellungen klare Rahmenbedingungen, denen Sie sich anpassen müssen. Daneben haben Sie – mehr oder weniger deutlich umrissen – Ihre eigenen Auffassungen von einem guten Leben, jetzt und in der Zukunft. Ein gutes Selbstmanagement integriert die persönliche Lebensplanung und deren tägliche Realisierung in einen effizienten Umgang mit den Ressourcen und trägt den institutionellen Vorgaben genauso Rechnung wie den individuellen Vorlieben.

Um an ein Ziel zu kommen, muss man wissen, wo man steht. Wer seine Position nicht kennt, kann nicht die Richtung und Stationen seines Weges angeben. In diesem Kapitel finden Sie Anregungen, um Ihre Ausgangssituation zu bestimmen und sich Ihrer kurz- und langfristigen Zielsetzungen bewusst zu werden.

1.1 Individuelle Voraussetzungen berücksichtigen

Die Studiensituation ist für jeden von Ihnen besonders. Manche haben bereits einige Semester studiert, andere beginnen das Studium gerade.

Einige möchten das Studium schnellstmöglich „durchziehen", andere wollen erst einmal neue Freiheiten genießen und sperren sich gegen einengende Regelmäßigkeiten.

Jede und jeder von Ihnen geht von eigenen Voraussetzungen aus, die, auch wenn Sie nicht bewusst reflektiert werden, Auswirkungen auf die individuellen Arbeits- und Alltagsprozesse haben. Diese unterschiedlichen objektiven und subjektiven Bedingungen gilt es zu berücksichtigen, wenn das Selbstmanagement im Studium gelingen soll.

Tipp

Gehen Sie von Ihren persönlichen Absichten und Möglichkeiten aus, wenn Sie Projekte (besser) organisieren und gestalten oder Ihr Verhalten verändern wollen.

Sie sollten Ihre momentane Situation sowie die Aufgaben und Anforderungen möglichst gut überblicken und vor allem mit den eigenen Gewohnheiten und Fähigkeiten vertraut sein. Diesen komplexen Sachverhalt bewältigen Sie am besten, indem Sie verschiedene Perspektiven einnehmen.

Beschäftigen Sie sich doch einmal zum „Einstieg" mit folgenden Fragen:

Ein erster Einblick: Anfang

- Welche Fähigkeiten benötigen Sie in Ihrem Studienfach in besonderem Maße?
- Welche der Fähigkeiten besitzen Sie bereits?
- Fühlen Sie sich grundsätzlich den Aufgaben gewachsen?
- Welche Anforderungen verunsichern Sie speziell?
- Haben Sie manchmal den Eindruck Zeit zu verplempern?
- Was sind Ihre Stärken? Können Sie diese einsetzen?
- Womit sind Sie in Ihrer Alltagsgestaltung zufrieden?
- Was könnten Sie noch verbessern?

Vielleicht haben Sie aus diesem Blickwinkel noch wenig über Ihre Studiensituation nachgedacht und wollen die neuen Erfahrungen erst einmal auf sich zukommen lassen. Klarheit über solche Aspekte hat den Vorteil, dass Sie Studium und Alltag Ihren Voraussetzungen besser anpassen können.

Zuerst sollten Sie sich auf Ihre gegenwärtigen Erfahrungen konzentrieren: Haben Sie insgesamt ein zuversichtliches Gefühl, denken Sie, Sie machen genau das Richtige und haben die Akzente entsprechend richtig gesetzt? Oder beunruhigt Sie manchmal das Gefühl, dass Sie die Anforderungen unterschätzen? Verschaffen Sie sich einen Überblick über Ihre Voraussetzungen.

In welcher Situation befinden Sie sich gegenwärtig?

- Haben Sie das Studium neu begonnen?
- Ist es Ihr Wunschstudium? Wissen Sie warum Sie das Fach studieren?
- Sind Sie mit den akademischen Arbeitsweisen vertraut?
- Welche Aufgaben fallen Ihnen schwer?
- Müssen Sie sich neue Arbeitstechniken aneignen?
- Suchen Sie nach Ausbildungs- oder Studienalternativen?
- Wollen Sie Ihre Wohnsituation verändern?
- Studieren Sie in einer fremden Stadt?
- Müssen oder wollen Sie sich einen neuen Freundeskreis aufbauen?
- Verbringen Sie Ihre Wochenenden während des Semesters vorwiegend am Ort Ihrer Universität / Hochschule oder fahren Sie regelmäßig weg, um Freunde oder Ihre Familie zu besuchen?
- Müssen Sie neben dem Studium auch Zeit für Lohnarbeit einplanen?
- Haben Sie schon bewährte Routinen in Ihrer Alltagsorganisation?

Die Antworten auf diese Fragen ergeben bereits ein Bild Ihrer spezifischen Ausgangssituation. Ihre Arbeits- und Lerngewohnheiten sollten Sie aber noch genauer analysieren. Was wissen Sie über Ihr individuelles Arbeitsverhalten? Arbeiten Sie „einfach drauflos" oder wählen Sie gezielt Arbeitsmethoden aus? Wissen Sie, wann Sie am besten lernen, wo und wie?

Lerntypen

Informationen werden aus der Umwelt über verschiedene Sinne wahrgenommen, und so gibt es auch beim Lernen die Möglichkeit, sich die Inhalte gezielt über bestimmte Sinneskanäle anzueignen. Menschen unterscheiden sich im Gebrauch ihrer Sinnesorgane und der Verarbeitung von Informationen. Diese individuellen Ausprägungen sind bedingt durch persönliche Merkmale bzw. Vorlieben und beruhen auf Erfahrung. Einige lernen am besten durch Zuhören (auditiver Typ), Andere, wenn der Lernstoff visuell durch Text und Bilder präsentiert wird (visueller Typ). Wieder andere lernen am besten, wenn sie schreiben, laut sprechen oder sich mit

Kommiliton/innen über den Stoff austauschen (kommunikativer Typ) und profitieren stark, wenn sie in Arbeitsgruppen lernen. Daneben gibt es Menschen, die sich Lerninhalte vor allem dann einprägen, wenn sie die Dinge anfassen und ausprobieren können. Es ist grundsätzlich vorteilhaft, wenn man sich Lerninhalte über verschiedene Sinneskanäle einprägen kann.

Tipp

 Was Sie aber unbedingt berücksichtigen sollten: positive Gefühle verbessern die Merkfähigkeit!

Welcher Lerntyp sind Sie? Im Internet gibt es Tests, mit denen Sie herausfinden können, wie Sie am besten lernen.

Zum Beispiel: http://arbeitsblaetter.stangl-taller.at/TEST/HALB/Test.shtml

kurz und knapp

Reflektieren Sie die Bedingungen, unter denen Sie Ihr Studium aufgenommen haben. Setzen Sie sich mit Ihren Erfahrungen und Lerngewohnheiten auseinander und beobachten Sie sich: Auf welche Weise erzielen Sie gute Erfolge? Setzen Sie bewusst die Lerntechniken ein, die Ihrem Typus entsprechen. Auf die eigenen Präferenzen zu achten und die Lernbedingungen danach zu gestalten, lässt Ihr Arbeitsverhalten in jedem Fall effektiver werden.

1.2 Alltagstrott und Lernverhalten

Nun sollten Sie den Blick auf Ihren Alltag richten. Unabhängig davon, welche Aufgaben Sie neben dem Studieren in den Griff bekommen wollen, sollte Ihr Leben so ablaufen, dass Sie es steuern können und nur soviel Zeit und Energie aufbringen, wie Ihnen wichtig ist.

Tipp

 Ob das gewählte Studium Sie Ihrem Ziel näher bringt, wissen Sie nur dann, wenn Sie sich konsequent darauf einlassen. Dazu müssen Sie Ihren Alltag so regeln, dass Sie die Chance haben, Motivation und Eignung zu überprüfen. Wenn Sie hingegen zwischen Aufschieben, schlechtem Gewissen, Zeitnot, Stress und Hektik taumeln, finden Sie es nie heraus.

Sie sollten sich davor schützen, sich von Ihrem Alltagstrott beherrschen zu lassen. Sind Ihre Gewohnheiten, die Sie ausgebildet haben, tatsächlich angenehm? Bewährte Routinen haben zwar den großen Vorteil, dass sie Sicherheit geben und es ersparen, ständig Entscheidungen treffen zu müssen. Der Nachteil ist jedoch, dass mit der Zeit immer mehr Gestaltungsfreiraum aufgegeben wird und sich leicht das Gefühl einstellt „festzusitzen"

Wenn Sie mit dem Studium gerade beginnen, ist die Gefahr von einengendem Trott nicht groß. Aber auch dann lohnt es sich zu überprüfen, womit Sie Ihren Tag eigentlich verbringen, welche Dynamik von Routinen und Neuem möglich ist und vor allem, ob die Akzente in Ihrem Sinne richtig gesetzt sind.

In den folgenden Kapiteln wird es darum gehen, Strategien aufzubauen, um das Verhältnis zwischen Studium, Arbeit, Freizeit und übergeordneten Lebenszielen zufriedenstellend auszubalancieren. Dazu ist es hilfreich zu wissen, wie Ihnen dies momentan gelingt.

Wie läuft Ihr Alltag ab? Was ist fremdbestimmt, was können Sie selbst festlegen? Wie organisieren Sie sich? Am besten finden Sie die Antworten heraus, wenn Sie sich eine Weile genauer beobachten. Dazu gibt es verschiedene Methoden:

Übung

Verschaffen Sie sich einen detaillierten Überblick über Ihren Umgang mit der Zeit!

Womit waren Sie in der letzten Woche beschäftigt? Nehmen Sie einen Bleistift in die Hand und schreiben Sie Ihre gesamten Tätigkeiten der letzten Woche auf. Teilen Sie anschließend den unten abgebildeten Kreis in Segmente, die dem Anteil der Zeit entsprechen, die Sie mit den jeweiligen Tätigkeitsbereichen verbracht haben.

Wie gefällt Ihnen die Proportionierung der einzelnen Tätigkeiten? Sind Sie mit dem Verhältnis zufrieden? Wenn nicht, was sollte anders sein?

Sie können sich Ihre Zeiteinteilung auch noch einmal genauer ansehen und überprüfen, ob Ihre Schätzung wirklich der Realität entspricht.

Übung

Fertigen Sie einen Stundenplan an und füllen Sie ihn für die vergangenen sieben Tage aus. Schreiben Sie nicht auf, was Sie hätten tun sollen, sondern im Sinne eines Protokolls, was Sie getan haben: Wann waren Sie einkaufen, wann haben Sie gekocht, wann sind Sie am vergangenen Dienstag aufgestanden, wann ins Bett gegangen usw. Vergessen Sie nicht die Zeit, die Sie für den Hin- und Rückweg zwischen Ihrer Wohnung und der Hochschule benötigen. Füllen Sie den Plan auch aus, wenn Sie denken, die vergangen Tage waren untypisch! Es lohnt sich in jedem Fall, auf der Grundlage dieses Wochenprotokolls noch einmal einen Kreis den einzelnen Tätigkeitsbereichen entsprechend in Segmente zu teilen.

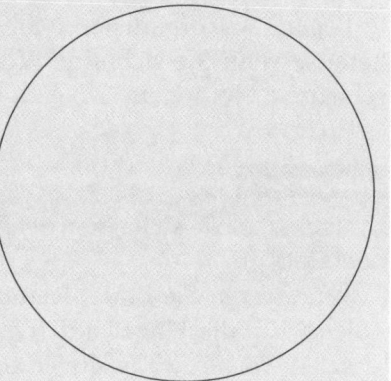

Stimmen beide Kreise im Groben überein? Wenn das nicht der Fall ist: Wobei haben Sie sich verschätzt? Sind Sie damit zufrieden, wie Sie Ihre Zeit einsetzen? Was gelingt Ihnen gut? Was möchten Sie verändern? Das dritte Kapitel wird Ihnen helfen, Ihr Zeitmanagement zu optimieren.

Wahrscheinlich haben Sie einen Eindruck davon gewonnen, welche Lebensbereiche Sie eher spontan, welche mehr durchgeplant gestalten. Vielleicht haben Sie auch einige neue Erkenntnisse gewonnen, beispielsweise wie viel Zeit Sie insgesamt für Ihre Wege benötigen, oder Sie haben festgestellt, dass Ihre Alltagsorganisation mehr Zeit beansprucht als Ihnen recht ist. Dann müssen Sie überlegen, wie Sie durch rationelleres Vorgehen die Akzente anders setzen können. So ist es besser, sich regelmäßig einen halben Tag Zeit für den Haushalt zu nehmen, als mehrmals in der Woche damit beschäftigt zu sein. Sie sollten jedenfalls verschiedene Strategien ausprobieren!

Auch die Arbeiten, die im Zusammenhang mit Ihrem Studium stehen, lassen sich unterschiedlich angehen. Entweder widmen Sie sich eher spontan einzelnen Inhalten und haben ungefähr im Kopf, worum Sie sich kümmern müssen, oder Sie gehen nach Plan vor und wissen immer, an welchen Tagen Sie sich mit welchen Inhalten beschäftigen. Neben der Planung, **wann** Sie etwas machen, ist es natürlich auch wichtig zu überlegen, **wie** Sie Ihre Vorhaben ausführen. Auch die Arbeitsabläufe im Studium kann man flexibel, routiniert oder unüberlegt nach Gewohnheit erledigen. Und wie gehen **Sie** vor? Treffen Sie bewusst Entscheidungen darüber, wie Sie bestimmte Aufgaben erledigen?

Auch beim Durchführen der Studienaufgaben gibt es Gestaltungsmöglichkeiten. Um effiziente Arbeitsweisen zu entwickeln, müssen Sie wissen, welche Herangehensweise unter welchen Umständen gut funktioniert und mit welchen Schwierigkeiten zu rechnen ist. Um alternative Strategien brauchen Sie sich nur dann zu kümmern, wenn Sie den Eindruck haben, mit Ihrem Standardverfahren nicht gut voran zu kommen.

Tipp

Werden Sie sich mit Hilfe eines *Arbeitsjournals* oder *Lerntagebuchs* bewusst, wie Sie Ihre Energie und Ihre Zeit einsetzen und mit welchen Methoden Sie Ihre Aufgaben bearbeiten.

Beobachten Sie sich eine Weile beim Arbeiten und achten Sie darauf, mit welchen Arbeitstechniken Sie vertraut sind, wann Sie innerlich „aussteigen", was Sie irritiert, oder welche Teilaufgaben Sie vermeiden. Führen Sie sich Ihre üblichen Vorgehensweisen vor Augen, um beurteilen zu können, was Ihnen gut gefällt, mit welchen Techniken Sie souverän umgehen können, mit welchen nicht und vor allem, in welcher Hinsicht Sie Veränderungen oder Optimierung wünschen.

Fragen zum Arbeitsverhalten

Die Fragen betreffen verschiedene Aspekte des Arbeitsverhaltens. Sie sollten jeweils ein Kreuz machen, wenn Sie mit nein beantworten. Anschließend zählen Sie bitte für jede der 5 Kategorien zusammen, wie oft Sie verneint haben.

Wissen Sie am Wochenbeginn, welche Stunden Sie für Lernen und welche zur Erholung nutzen werden?	1
Wissen Sie, wie Sie Ihre Aufmerksamkeit zu Beginn einer Arbeitseinheit fokussieren können?	4

Wissen Sie, wie Sie sich erfolgreich zum Lernen motivieren können?	5
Wissen Sie, unter welchen Bedingungen Sie am Besten lernen?	5
Wissen Sie, wann Sie das letzte Mal mit Ihrer Leistung vollends zufrieden waren?	3
Wissen Sie, was Sie beim Arbeiten am häufigsten ablenkt?	4
Wissen Sie, was Sie in Pausen tun können, um sich zu regenerieren?	2
Unterscheiden Sie einzelne Arbeitsziele nach Prioritäten?	1
Haben Sie häufig das Gefühl überlastet zu sein?	5
Sind Sie damit zufrieden, wie Sie Texte auswerten?	2
Kommt es vor, dass Sie eine Seite lesen, ohne dass Sie etwas vom Inhalt aufnehmen?	2
Wissen Sie, wie Sie Ihre Arbeit inhaltlich strukturieren und das Material organisieren?	2
Legen Sie bei einzelnen Aufgaben fest, bis wann Sie sie erledigen wollen?	1
Wissen Sie, zu welcher Tageszeit Sie mit einem persönlichen Leistungshoch rechnen können?	5
Wissen Sie, nach welcher Zeitspanne Ihre Konzentration beim Lesen nachlässt?	4
Ziehen Sie aus nicht erreichten Zielen und Misserfolgen Konsequenzen?	3
Haben Sie eine Strategie, wie Sie mit störenden Gedanken beim Lernen umgehen?	4
Prüfen Sie gelegentlich, ob Sie die gesetzten Arbeitsziele erreicht haben?	3
Wissen Sie, in welchen Zeitabständen Sie bereits Gelerntes wiederholen sollten, um möglichst wenig zu vergessen?	3
Halten Sie Ihren Arbeitsplan für realistisch?	1

Wenn Sie nach der Auswertung des Fragebogens feststellen, dass Sie in einigen der Kategorien besonders häufig verneint haben, weist dies auf Aspekte Ihres Arbeitsverhaltens hin, die Sie verbessern sollten.

Drei oder vier Verneinungen bei Kategorie 1: Sie sollten auf jeden Fall mehr über Planung von Arbeitsvorhaben wissen, denn Ihre **Planungssicherheit** ist niedrig. Sie scheinen relativ spontan zu entscheiden, ob, wann und zu welchen Inhalten Sie an einem bestimmten Tag arbeiten. Das kann ein angenehmes Gefühl von persönlicher Freiheit vermitteln. Allerdings nur so lange, wie Sie eine kontinuierliche Arbeitsmotivation haben, Ihre Arbeitsabläufe gut strukturieren können und wenn Zeit keine Rolle spielt. Vor allem in Kapitel 3 erfahren Sie, wie Sie Ihre Planungskompetenz ausbauen können.

Drei oder vier Verneinungen bei Kategorie 2: Sie scheinen mit Ihren **Arbeitstechniken** unzufrieden zu sein oder haben den Eindruck, dass Sie Ihre Arbeitszeit nicht immer optimal verbringen. Kompetentes Verhalten vergrößert die Effizienz und bewirkt, dass Sie in der Zeit, in der Sie lernen, auch Ihrem Lernziel näher kommen. In den beiden folgenden Kapiteln finden Sie entsprechende Tipps. Sie könnten sich auch erkundigen, ob es an Ihrer Hochschule entsprechende Trainingsveranstaltungen und Beratungsangebote gibt.

Bei drei oder vier Verneinungen der Kategorie 3 hapert es an der **Erfolgskontrolle** Ihres Arbeitens. Wenn Sie öfter mal Vorhaben und geleistete Arbeit vergleichen, können Sie dadurch Ihre Motivation stärken. Vor allem in den Kapiteln 3 und 4 erhalten Sie Hinweise, wie Sie die Ergebnisse Ihrer Arbeit einschätzen lernen.

Drei oder vier Verneinungen der Kategorie 4 deuten an, dass Sie Ihre **Konzentrationsleistung** Ihrer Meinung nach steigern könnten. Wenn man beim Arbeiten und Lernen voll konzentriert ist, entsteht nicht nur subjektiv der Eindruck, effizient gewesen zu sein, sondern man arbeitet auch objektiv schneller und sorgt für eine bessere Behaltensleistung. Wie Sie Ihre Konzentration steigern können, steht in Kapitel 4.

Drei oder vier Verneinungen der Kategorie 5 verweisen auf eine geringe **Selbstaufmerksamkeit.** Aufmerksamkeit gegenüber den eigenen Lernprozessen und den Einstellungen zur Arbeit und den Vorhaben ist eine Voraussetzung für ein gelingendes Selbstmanagement. Das Führen eines *Arbeitsjournals* ist ein optimaler Ausgangspunkt.

kurz und knapp

Die Fragen und Hinweise in diesem Abschnitt sollten Ihnen helfen Studien- und Alltagsverhalten zu reflektieren. Auch wenn Sie den Eindruck haben, dass Sie im Moment noch nicht optimal arbeiten, sollten Sie nicht gleich alles auf einmal ändern wollen. Setzen Sie sich Schwerpunkte! Vielleicht lassen einzelne Themen des Inhaltsverzeichnisses dieses Buches Sie neugierig werden. Doch um die richtigen Entscheidungen zu treffen, wie der Alltag zu organisieren ist, bedarf es einer detaillierten Bestandsaufnahme. Stellen Sie fest, ob Ihre Routinen den Sachzwängen geschuldet sind oder ob Sie häufiger als nötig dem gewohnten Trott unterliegen.

1.3 Ziele klären und Wünsche erkennen

Mit den eigenen Zielen in Einklang zu leben, ist die Voraussetzung für Zufriedenheit. Die Ziele zu nutzen, um notwendigen Aufgaben mit Motivation zu begegnen, ist eine Voraussetzung für Erfolg. Obwohl der Studienalltag Ihnen viele Termine vorschreibt, bleibt doch auch Zeit, über die Sie selbständig verfügen. Wie gehen Sie damit um? Haben Sie den Eindruck, sich zu verzetteln oder finden Sie, dass Sie Ihre Zeit gut nutzen?

Wie viel Spielraum bleibt Ihnen eigentlich, wenn Sie die vielen Stunden für Studienveranstaltungen und mögliche andere Verpflichtungen wie Job, Zeit für Kinder, Haushaltsführung von Ihrem „Deputat" abziehen? Bleibt dann noch etwas für Ehrenämter, Sport, Musik oder Hobbys?

In diesem Buch finden Sie ein ganzes Kapitel (Kap. 3) das den Umgang mit der Zeit thematisiert und Ihnen hilft, eine für Sie geeignete Art zu entwickeln, Ihre Zeiteinteilung mit Ihren Interessen und Zielen in Einklang zu bringen. An dieser Stelle geht es jedoch erst einmal darum festzustellen, was Sie mit Ihrer Zeit eigentlich alles bewerkstelligen und was Sie in welchen Zeiträumen unterbringen wollen.

Falls Sie im letzten Abschnitt der Anregung gefolgt sind, einmal aufzuschreiben, wie viel Zeit Sie in der vergangenen Woche mit welchen Tätigkeiten verbracht haben, können Sie gut feststellen, für welche Zielsetzungen Sie sich gegenwärtig engagieren. Auf jeden Fall sollten Sie sich einen Überblick verschaffen!

Womit sind Sie gegenwärtig beschäftigt?

- Welche Aufgaben haben Sie in diesem Semester zu bewältigen?
- Welche anderen – nicht studienbezogenen – Aufgaben müssen Sie regelmäßig erledigen?
- Woran arbeiten Sie gerade?
- Welche Ziele verfolgen Sie in Ihrer Freizeit (Sport, Politik, Ehrenamt....)?
- Wofür tragen Sie Verantwortung?
- Welche Veränderungen stehen an? Im Studium? Privat?

Es ist erleichternd, sich der Mühe zu unterziehen, die vagen Vorstellungen von den „Dingen", die man in den nächsten Monaten erledigt haben will, zu konkretisieren. Solange Sie sich nicht innerlich deutlich zu Ihren Absichten bekennen, solange werden Sie sich auch nicht produktiv zu ihnen verhalten. Was keine Form gewinnt, bleibt wahrscheinlich liegen.

Was Sie sich nicht vornehmen, kann nur durch Zufall geschehen! Sie stehen zwar am Anfang Ihres beruflichen Lebens, dennoch haben Sie Vorstellungen und Wünsche an die Zukunft. Diese sollten Sie sich gelegentlich bewusst machen, besonders dann, wenn Sie darüber nachdenken, wie Sie Zufriedenheit und Effizienz in Ihrem Leben steigern können. Falls Ihnen deutlich wird, dass Sie nur sehr vage, schwach ausgeprägte Ziele benennen können, sollten Sie sich unbedingt ein erstes konkretes Ziel setzen: **Zukunftsperspektiven entwickeln!**

Persönliche Ziele motivieren und organisieren das Verhalten ebenso wie altersbezogene Erwartungen. Solche gesellschaftlichen Vorstellungen wirken oft nur unterschwellig, aber wenn man sich dazu keine Meinung bildet, entscheidet man sich nicht und wird häufig vom Zufall bestimmt oder zum Mitläufer anderer, die über klarere Absichten verfügen. Menschen mit Ideen für ihre Zukunft haben Vorteile hinsichtlich Entschlusskraft, Tatkraft und den Einsatz ihrer Ressourcen. Wenn kein Ziel angestrebt wird, sind keine selbstregulativen Prozesse notwendig. Das ist vorübergehend durchaus bequem, langfristig aber ungünstig. Die Verfolgung von Zielen erleichtert den Erwerb neuer Kompetenzen.

Studierende, die schon zu Beginn des Studiums wissen, dass sie ein Praktikum bei einer „guten Adresse" machen wollen, werden sich vermutlich eher Zeit für ein Bewerbungsschreiben nehmen, als andere, die zwar auch wissen, dass ein Praktikum ansteht, sich aber keine weiteren Gedanken machen. Wer im Kopf hat, dass er einen interessanten Praktikumsplatz „ergattern" will, schnappt wahrscheinlich interessante Informationen über Praktika auf, weil seine Aufmerksamkeit (unterschwellig) darauf ausgerichtet ist.

Unterbewusst wirken einmal gefassten Ziele bzw. Wünsche auf das Selbstbild, und wenn auch manche Fantasien noch vage sind, können sie im Sinne eines in die Zukunft verlegten Gefühls von Stolz und Selbstbewusstsein die Gegenwart verschönern. Aber sie haben leider auch eine gegenteilige Wirkung: Sie können das Selbstbild schwächen und zu Selbstvorwürfen führen. Das geschieht im Rückblick, wenn deutlich wird, was man versäumt hat im Vergleich zu dem, was andere in ihrem Leben realisieren.

Sie sollten Zukunftswünsche und Selbstverpflichtungen ausfindig machen, um sie bei Ihren Planungen angemessen berücksichtigen zu können. Was erwarten Sie von sich? Was möchten Sie im Leben erreichen und wann können Sie etwas dafür tun, dass es wahrscheinlich wird?

Tipp

Präzisieren Sie Ihre Erwartungen, Motive und Interessen, denn das richtet Ihre Fantasie und Aufmerksamkeit auf Gelegenheiten, Optionen zu erkennen und Ihre Entschlusskraft zu stärken.

Entwickeln Sie eine Vision von Ihrem Leben, dann können Sie konkrete Absichten fassen und Ihrem Studienalltag eine Orientierung geben. Wenn Sie wissen, in welche Richtung Sie wollen, können Sie auch besser bestimmen, welche Ziele für Sie kurzfristig angemessen sind. Machen Sie nicht einfach das, was Ihre Kommiliton/innen tun, das kann zu Lustlosigkeit und Konturlosigkeit führen. Beides fühlt sich nicht gut an.

Übung

Lassen Sie sich auf eine Gedankenreise ein:
Überlegen Sie, in welcher Situation Sie in 10 Jahren leben möchten. Wie wäre der Idealfall? Was soll in Ihrem Leben eine wichtige Rolle spielen? Versuchen Sie, ein möglichst genaues Bild Ihrer idealen Lebenssituation zu entwerfen. Mit welchen Menschen wären Sie gern befreundet? Was sollen Ihre heutigen Freunde und Freundinnen über Sie sagen? Wen wollen Sie überrascht haben, von wem Anerkennung erhalten? Stellen Sie sich vor, Sie laden zu Ihrem Geburtstag ein, und Ihre alten und neuen Freunde halten kurze Reden. Welche Wesenszüge von Ihnen sollten sie herausstellen?

Schreiben Sie sich Antworten zu den folgenden Fragen auf, die sich immer auf studienbezogene und persönliche Zielvorstellungen beziehen:
• Welche Ziele haben Sie langfristig?
• In welcher Situation möchten Sie in zehn Jahren sein?
• In welcher Situation in fünf Jahren?
• Welche Ziele wollen Sie bis zum Jahresende erreicht haben?
• Welche Ziele haben Sie sich für das Semesterende gesetzt?
• Haben Sie sich ein Wochenziel gesetzt?
• Haben Sie vor, ein oder zwei Semester im Ausland zu verbringen? Wann? Wissen Sie, wann Sie mit den Vorbereitungen beginnen müssen?
• Haben Sie schon konkrete Vorstellungen über ein Praktikum oder eine Hospitanz?
Was müssen Sie dafür tun?

Eine Zukunftsvision erlaubt es Ihnen, sich unmittelbar darauf zu konzentrieren, wie Sie die Voraussetzungen dafür schaffen bzw. verbessern können. Sie verändern damit Wahrnehmung und Ausrichtung Ihres Handelns.

kurz und knapp

Verschaffen Sie sich einen Überblick darüber, ob Sie Ihre Zeit und Energie nur für die kurzfristigen Anforderungen einsetzen oder auch den langfristigen Zielsetzungen gerecht werden. Haben Sie Zukunftsvorstellungen? Was möchten Sie erleben, was erreichen? Wenn Sie wichtige Bedürfnisse außer Acht lassen und nichts für die Verwirklichung Ihrer Träume tun, empfinden Sie auf Dauer innere Unruhe und Frustration! Überlegen Sie, wie Sie in Ihrem Alltag auch den längerfristigen Zielsetzungen gerecht werden. Entscheiden Sie sich für einen Zeitpunkt, zu dem Sie sich einmal ausführlich damit befassen wollen.

1.4 Anforderungen und Ansprüche

In jedem Semester haben Sie unabhängig von Ihren persönlichen Zielsetzungen bestimmte vorgeschriebene Leistungen zu erbringen. Daraus ergeben sich zwangsläufig Arbeitsziele, die Sie in einem bestimmten Zeitrahmen erfüllen müssen. Sind Sie darüber im Bilde?

Welche **Mindestanforderungen** bestehen in diesem Semester? Klären Sie, was von Ihnen verlangt wird. Erkundigen Sie sich genau und fragen Sie befreundete Studienkollegen aber auch Tutoren oder Dozentinnen und lesen Sie in Prüfungsordnungen nach. Sie sollten genau wissen, wofür Sie die erforderlichen Leistungsnachweise, credit points, bekommen. Worauf wird sich die Abschlussklausur beziehen? Gibt es eine Literaturliste und was sind die Erfolgskriterien für eine gute Note? Sind Sie mit den offiziellen Mindestanforderungen zufrieden, oder haben Sie Ansprüche an Ihren Lernerfolg, die darüber hinausgehen?

Tipp

Wenn Sie Erwartungen an sich haben, die über die Mindestanforderungen hinausgehen, machen Sie diese konkret! Nur dann haben Sie die Chance zu beurteilen, ob die Zielsetzungen realistisch oder zu ehrgeizig sind und in welchem Verhältnis sie zu den Anforderungen stehen. Unterscheiden Sie klar zwischen Erfordernissen und Ansprüchen!

Ehrgeizige Ziele sollten Sie nur dann anstreben, wenn Sie den damit verbundenen Mehraufwand leisten können. Versuchen Sie zwischen Anforderungen und Ansprüchen zu unterscheiden. Das kann entscheidend zu Ihrem Wohlgefühl und Erfolg beitragen.

Verschaffen Sie sich einen Überblick über die offiziellen Studienanforderungen und ob Sie darüber hinausgehende Erwartungen an sich stellen. Im Kapitel 3.4 erhalten sie Hinweise, wie Sie den Zielsetzungen in Ihrer Semesterplanung entsprechen können.

kurz und knapp

Unterscheiden Sie in Ihrer Planung zwischen den offiziellen und den persönlichen Zielen. Besorgen Sie sich genaue Informationen über die geforderten Leistungen und erkundigen Sie sich über die Beurteilungskriterien, vor allem dann, wenn Sie von sich gute Noten erwarten.

1.5 Einstellungen und Selbstkonzept

Selbstmanagement bedeutet, sich über den Umgang mit Zeit und anderen Ressourcen Gedanken zu machen und deren Aufteilung den objektiven und subjektiven Erfordernissen anzupassen. Aber was halten Sie eigentlich von Planung? Verbinden Sie mit Plänen Orientierung, Struktur und Sicherheit, oder assoziieren Sie damit vor allem Einschränkung, Vorschriften und Zeitverschwendung? Man muss nicht an die Wirkung von Planung glauben, falls Sie aber Strategien der Selbstorganisation und des Zeitmanagements kennenlernen möchten, sollten Sie sich innerlich darauf einlassen und sich um eine bejahende Einstellung bemühen. Sie profitieren nur von Empfehlungen, denen Sie auch etwas Positives abgewinnen und die Sie mit Ihrem Selbstbild (zumindest vorübergehend) in Einklang bringen können.

Lebensqualität zu erhalten oder zu steigern, ist für alle ein erwünschtes Ziel, aber für jeden ist sie anders definiert und wird mit sehr verschiedenen Selbstvorstellungen verbunden. Würden Sie sich eher als einen systematischen Menschen beschreiben oder bevorzugen Sie das (kreative) Chaos? Wer seinen Aufgaben ein hohes Maß von Achtsamkeit schenkt, hat es in mancher Hinsicht leichter, auf Ziele hinzuarbeiten als jemand, der zu Bequemlichkeit neigt oder mit einer zuversichtlichen, sorglosen Haltung dem Leben begegnet. Sind Sie jemand, der vor allem nach Erfüllung im privaten Lebensbereich sucht oder verbinden Sie Ihr Selbstbewusstsein vornehmlich mit dem Gelingen von Arbeitsprozessen?

Vorstellungen von sich selbst prägen die Art, wie man auf Herausforderungen zugeht. **Bezogen auf Studienkompetenzen hat das Selbstkonzept Einfluss darauf, wie Fähigkeiten und Wissen eingesetzt werden, welche Stärken und Schwächen man sich zuschreibt.**

So betrachten Studierende mit einem positiven **Selbstfähigkeitskonzept** schwierige Aufgaben eher als eine interessante Herausforderung und stellen sich ihnen häufiger als Studierende, die zuerst daran denken, was Sie nicht so gut können. Wer ein positives Bild der eigenen Fähigkeiten besitzt, ist auch bei Rückschlägen besser gewappnet: Fehler werden eher als vorübergehende Fehlschläge gewertet und führen nicht so schnell zu Gefühlen von Entmutigung wie bei denjenigen, die sich weniger zutrauen. Auch bei der Zuschreibung von Erfolgen und Misserfolgen sind Menschen, die ihre eigenen Fähigkeiten kennen und schätzen, im Vorteil: Personen mit positivem Selbstfähigkeitskonzept tendieren dazu, sich Erfolge selbst anzurechnen und Misserfolge mit ungünstigen Umständen und Zufällen zu erklären.

Schreiben Sie sich Erfolge oder Misserfolge selbst zu, oder machen Sie eher die Umstände dafür verantwortlich? Wenn Sie die Verantwortung für Ihre Leistungen vorwiegend selbst übernehmen, können Sie sowohl Anerkennung wie Selbstvertrauen steigern, und bei Misserfolgen werden Sie wahrscheinlich überlegen, was Sie verändern können, um bessere Ergebnisse zu erzielen.

Falls Sie eher die Neigung haben, im Außen zu suchen, was zu dem Erfolg oder auch dem Misserfolg beigetragen hat, werden Sie wahrscheinlich wenig zuversichtlich an Herausforderungen herangehen oder sie gar meiden, und es wird schwerer, ein stabiles Selbstvertrauen in eigene Leistungen zu entwickeln.

Ihre Vorstellungen von sich selbst hängen nicht nur von Ihren Lernerfahrungen und Leistungen ab. Es gibt auch viele **Zuschreibungen** und Botschaften, die man im Laufe der Jahre angesammelt hat. Gemeint sind Aussagen wie: „Eigenlob stinkt", „So wirst du es zu nichts bringen...", „Nur Siege zählen!", „Freu dich nicht zu früh!", „Das ist nichts für dich!" Solche Bemerkungen oder gar Familienregeln können den Umgang mit sich selbst oder anderen nachhaltig beeinflussen. Haben Sie schon einmal darüber nachgedacht, ob manche Ihrer vertrauten Verhaltensmuster, Ihre bevorzugte Art, wie Sie mit Freunden, Vorhaben oder Aufträgen umgehen, mit solchen Sätzen zusammenhängen?

Wer sollten Sie sein und **wie** unter keinen Umständen? Gerade Lernangewohnheiten, der Umgang mit Leistungserwartungen, mit Fortschritten und Frustrationen sind durch frühere Erfahrungen geformt. Sie sollten versuchen herauszufinden, was Sie sich bei solchen Gelegenheiten innerlich sagen. Unterstützende Sätze oder abwertende?

Hinderliche Einstellungen lassen sich nicht ohne weiteres verändern. Sie können sich aber vornehmen darauf zu achten, mit welchen Anweisungen Sie sich auf Trab bringen, sich gut zureden oder entmutigen. Der Anfang liegt auch hier in der Entscheidung, aufmerksam zu sein und zu beobachten, wie Sie Dinge regeln und wie Sie sich dabei fühlen.

Was treibt Sie an?

- Welche Etiketten haben Sie akzeptiert (Du bist Spitze! Du wirst alle um den Finger wickeln! Du bist zu langsam! Du bist zu schüchtern! Mit Dir kann man nicht auskommen!) – und haben diese Ihnen gut getan?
- Welches Lob haben Sie geglaubt?
- Welche abwertende, beschämende Zuschreibung können Sie immer noch nicht vergessen?
- Mit welchen Sätzen wollten andere Sie motivieren, zu lernen?
- Wurden Sie zu Erfolgen getrieben? Wie wurde das kommuniziert?
- Welche Delegationen bestehen? Möchten Sie anderen durch Ihre Leistungen Wünsche erfüllen? Wissen Sie, ob Sie Ziele Ihrer Eltern oder Großeltern erreichen sollen?

Auf das Verhalten wirken neben solchen Botschaften und Zuschreibungen anderer auch eigene Vorstellungen ein. Welche Bilder von einer zufriedenen und erfolgreichen Studentin, einem zufriedenen, erfolgreichen Studenten haben Sie?

Übung

Wie könnten Sie Situationen anders gestalten und erleben, wenn Sie Ihrem Ideal entsprächen:
- Haben Sie Vorbilder? Wie wären Sie gern?
- Wissen Sie welche Einstellungen und innere Haltungen diese Person zum Leben und zur Arbeit hat? Was vermuten Sie?
- Angenommen, in der Nacht würde ein Wunder geschehen und Sie wären am nächsten Tag die Person, die Sie schon immer sein wollten. Woran würden Sie am nächsten Morgen bemerken, dass das Wunder eingetreten ist? Woran würde es Ihr Freund / Ihre Freundin bemerken?

Nutzen Sie die Motivationskraft solcher Fantasien und machen Sie sich solche inneren Bilder bewusst! Welche Verhaltensweisen müssten Sie verändern, um sich diesen Vorstellungen zu nähern?

kurz und knapp

Wer sich selbst Fähigkeiten zuschreibt, besitzt eine gute Lern- und Leistungsmotivation und Durchhaltevermögen. Die Selbstvorstellungen sind davon geprägt, wie andere Sie sehen und welche Eigenschaften Ihnen nachgesagt werden oder wurden. Welche Zuschreibungen haben Sie sich zu Herzen genommen?

1.6 Stand der Zufriedenheit – Lernziele definieren

Sie sind bislang mit vielen Fragen konfrontiert und konnten darüber nachdenken, was Sie vom Leben und Ihrem Studium erwarten, welche Ziele Sie haben, ob Sie ehrgeizig sind, wie Sie Ihr Arbeitsverhalten einschätzen, ob Ihr Leben recht geregelt oder aber etwas chaotisch verläuft.

Vielleicht ist dies auch für Sie ein Ideal: Alle Lebensbereiche im Griff zu haben, dabei entspannt und neugierig auf kommende Ereignisse zu bleiben. Mit angemessenem Aufwand sinnvolle Tätigkeiten erledigen und die volle Aufmerksamkeit darauf richten, was Sie gerade tun. Wie auch immer Ihre persönlichen Wünsche aussehen, müssen Sie davon ausgehen, womit Sie im Augenblick nicht zufrieden sind. Das Spannungsfeld zwischen Ist- und Soll-Zustand ist der Motor für die erforderlichen Anstrengungen.

Wenn Sie beginnen, für sich festzulegen, was Sie gern anders tun und was Sie gern anders erleben möchten, setzen Sie Prioritäten.

Suchen Sie sich in den folgenden Kapiteln die Abschnitte aus, die Sie im Augenblick für Ihre Veränderungswünsche passend finden. Formulieren Sie die Ziele nicht zu eng und richten Sie sie nicht auf einen isolierten Erfolg aus!

Entscheiden Sie sich je nach Ihrem Interesse für eines der folgenden Kapitel. Die Empfehlungen, die Ihnen darin gegeben werden, sind Vorschläge mit denen sich persönliche Methoden und Vorgehensweisen ergänzen lassen.

kurz und knapp

Welche Ziele wollen Sie verwirklichen? Am besten ist es, wenn Ihre Vorhaben positiv besetzt sind, motivierend und innerhalb der eigenen Kontrolle, also davon abhängig, wie **Sie** handeln. Denken Sie nicht nur an die studienbezogenen Absichten, und vernachlässigen Sie nicht andere Lebensbereiche. Das Studium ist ein gutes Übungsfeld, sich die Fertigkeiten des Selbstmanagements anzueignen. Sie können davon ein Leben lang profitieren.

Was nehme ich mir vor?

- Was möchten Sie als persönliches Arbeitsziel für sich festhalten?
- In welchem Lebensbereich haben Sie Veränderungsbedarf festgestellt?
- Was könnten erste Schritte sein, um Ihr Selbstmanagement und Ihre Zeitplanung so zu verändern, dass Sie mit sich zufriedener sind?
- Möchten Sie vor allem an Ihrem Lernverhalten, Ihrer Studienplanung, der Alltags- und Freizeitgestaltung oder an Ihren Zielentwicklungen arbeiten?

Womit fangen Sie an?

2. Studieren lernen

Erfolgreiches Studieren umfasst die Fähigkeit, zielbezogen Wissen zu gewinnen, zu strukturieren, zu kommunizieren und in einem praktischen oder theoretischen Kontext anzuwenden. Sie werden mit fachspezifischen Informationen und Methoden konfrontiert und haben die Aufgabe, profunde Kenntnisse zu erwerben und die Fähigkeit zu entwickeln, damit umzugehen.

Fächerübergreifend sollen Sie im Studium **die Qualifikation ausbilden, Lernprozesse eigenverantwortlich zu organisieren** – aber eigentlich sind Sie von Beginn an gefordert, sogenannte Schlüsselkompetenzen einzusetzen: Aktive Orientierung am Fachinhalt, zielbewusstes Handeln, selbstgesteuertes Lernen und soziale Kompetenz.

Studieren ist Handwerk und Kunst, verlangt Sorgfalt, Genauigkeit, Ausdauer und Kreativität. Wie bei jedem Handwerk kommt es darauf an, die richtigen Techniken zu beherrschen und fähig zu sein, Zeit und Kraft effizient einzusetzen. Bedingungen am Arbeitsplatz, Wohlbefinden, verfügbare Methoden und die Projektplanung haben Auswirkungen auf das Ergebnis.

Der zeitlichen Planung und ihrer Verschränkung mit Inhalten ist das nächste Kapitel gewidmet. In diesem Kapitel werden grundlegende Verfahren wissenschaftlichen Arbeitens vorgestellt. So können Sie Ihre Fertigkeiten überprüfen und Hinweise erhalten, wie Sie Kompetenzen ausbauen können. **Erweitern Sie Ihr Repertoire an Arbeitstrategien und Lernmethoden** und nehmen Sie sich Zeit, diese auch auszuprobieren. Nur **durch Üben und aufmerksames Begleiten der Arbeitsverläufe und Bewerten der Arbeitsergebnisse erwerben Sie echte Verhaltensalternativen.**

2.1 Mit dem Kopf arbeiten

Intellektuelle Arbeit – wie Studieren – verlangt von Ihnen unterschiedliche geistige Leistungen, die sich nicht exakt voneinander trennen lassen. Um beispielsweise die Aufgabenstellung einer Übungsaufgabe zu verstehen, benötigen Sie analytisches Begreifen; für die erforderlichen Formeln oder Argumentationslinien müssen Sie vorhandenes Wissen aktualisieren und um Lösungsideen zu produzieren, setzen Sie assoziativ-intuitiv Ideen ein und greifen dabei auf bisherige Erfahrungen zurück. Sie experimentieren gedanklich, überprüfen verschiedene Ansätze und treffen eine Entscheidung. Um Rechenverfahren anwenden zu können, benötigen Sie instrumentelle Kenntnisse und zum Verbalisieren der Lösung bzw. beim Formulieren von Argumenten sind Sie auf Ihr Sprachvermögen angewiesen, auf Kenntnisse des Fachjargons und Ihre Kreativität. Wenn Sie einen längeren Text verfassen wollen, ist es vor dem Schreiben wichtig, das recherchierte Material verstehen und nach inhaltlichen Schwerpunkten strukturieren und zusammenfassen zu können. Allen hier angesprochenen **Fähigkeiten** lassen sich bestimmte Anforderungen zuordnen, die vorwiegend geistiger Art sind und **die man auch spezifisch trainieren kann.**

Das analytische Begreifen verlangt ein systematisches Durchgehen der einzelnen Formulierungen (oder Formeln) und Identifizieren wichtiger Teilelemente des Sachverhalts oder der Aufgabenstellung. Man muss genau sein, konzentriert vorgehen, zwischen Haupt- und Nebenaussagen unterscheiden sowie Bewertungen treffen. Üben lässt sich diese Fähigkeit am besten an kleinen Textabschnitten, die man präzise erschließt, indem man alle Aussagen vollständig herausarbeitet. Solche Kopfarbeit ist anstrengend und kann nur kurze Zeit erbracht werden, dann tut Bewegung gut und ein Wechsel zu einer anderen Tätigkeit.

Das Suchen nach Problemlösungen erfordert anderes Können: Statt Ihre Gedanken streng zu kontrollieren, lassen Sie sie umherschweifen und suchen in dem Bereich möglicher Lösungen nach Anhaltspunkten, die Sie überprüfen. Solche intuitiv- assoziativen Suchprozesse sind sinnvoll, wenn der mögliche Bereich von Lösungen begrenzbar ist. Das setzt voraus, dass Sie die Aufgabenstellung einordnen können und Sie sich mit den entsprechenden Fakten vertraut gemacht haben. Das geistige Experimentieren gelingt am besten, wenn Sie entspannt sind. Ein spielerischer Umgang mit Problemen (Brainstorming) lässt sich gut in Gruppen üben.

Das Einbringen von Wissen setzt Lernen voraus. Daten, Fakten und Theorien müssen erarbeitet und eingeprägt werden. Zu diesem Zweck sollten Sie sich übersichtliche Lehrmaterialien zugänglich machen, Lerneinheiten festlegen, das Material lesen und auf wesentliche Aussagen verdichten, diese dokumentieren und sich einprägen, in eigenen Worten wiedergeben und wiederholen. Hier ist eine nüchterne Arbeitshaltung gefordert: Abarbeiten von Aufgaben, Lesen, Unterstreichen, Schreiben und gelegentliches Vor-sich-hin-Murmeln. Dieser Bereich des wissenschaftlichen Arbeitens ist gut versorgt mit Tipps und hilfreichen Methoden (vgl. Kap. 2.2).

Strukturieren verlangt von Ihnen, dass Sie Gemeinsamkeiten, Unterschiede und Zusammenhänge erkennen. Dazu benötigen Sie vor allem analytische Fähigkeiten und Wissen über den Sachverhalt. Ohne Struktur gehen Ideen und Informationen verloren. Material lässt sich ordnen, indem man einzelne Aussagen einander gegenüberstellt. Wenn der Wissensinhalt komplexer ist, sollten Sie Kategorien bilden, das heißt Merkmale unter sinnvollen Oberbegriffen zusammenfassen, also abstrahieren. Zwischen verschiedenen Kategorien müssen Sie das Trennende herausarbeiten, aber auch den Zusammenhang bestimmter Kategorien festlegen. Dafür müssen Sie Hierarchien bilden und Bewertungen vornehmen. Obwohl hier viel rationale Denkleistung verlangt wird, geht es auch um Befähigungen, die beim Problemlösen gefordert sind. Das Anfertigen von *Mind Maps* über Texte oder Vorlesungsinhalte trainiert strukturierende Tätigkeiten.

Technisch-instrumentelle Befähigung braucht man für Rechenverfahren, Laborarbeiten, Mikroskopieren, Lautanalysen und logisches Schlussfolgern. Gelernte Operationen werden zur Bewältigung neuer Aufgaben eingesetzt, und je weniger man über die Technik nachdenken muss, umso leichter funktioniert sie. Es ist offensichtlich, dass es hier vor allem auf Einüben ankommt, wenn Sie sich verbessern möchten.

Das Formulieren von Texten, auch das Versprachlichen von Mess- oder Rechenergebnissen, beansprucht den kreativen Bereich des Denkens. Trotz technischen Könnens, das man erwerben kann, ist Schreiben zugleich eine individuelle schöpferische Handlung. Das Verfassen wissenschaftlicher Texte erfordert Arbeitsschritte, von denen manche eher dem rationalen und andere mehr dem kreativen Denken zuzuordnen sind. Alle Teilbereiche lassen sich üben. Wichtig ist, den Prozesscharakter des Schreibens zu verstehen: Es ist eine Aufgabe, die man nicht auf Anhieb bewältigt. Geduld ist erforderlich und eine gehörige

Portion Frustrationstoleranz. Sie müssen es ertragen, noch unvollkommene Texte zu akzeptieren, um sie wiederholt zu überarbeiten und zu erweitern. Das Verschriftlichen eigener wissenschaftlicher Ideen lässt sich von Anfang des Studiums an üben, beispielsweise mit einem *Wissenschaftsjournal*.

Geistige Arbeit ist Leistung und mit körperlicher Anspannung verbunden, mit physiologischer Erregung. Die Beziehung zwischen Erregung und Leistung entspricht einer umgekehrten U-Kurve. Das Maximum der Leistung liegt bei einer mittleren Erregung. Dabei gibt es natürlich starke individuelle Unterschiede.

Tipp

Überprüfen Sie, wie Sie am besten lernen - eher entspannt oder aktiviert (durch Musik oder Bewegung)? Menschen deren allgemeines Erregungsniveau relativ hoch liegt, lernen bei leichter Entspannung gut, Menschen mit eher niedrigem Erregungsniveau benötigen hingegen Aktivierung, um sich innerlich auf Lernen auszurichten.

Wahrscheinlich haben Sie schon oft gehört, dass bestimmte Fähigkeiten und Funktionen unterschiedlichen Orten im menschlichen Gehirn zuzuordnen sind und dass sich mit der Bevorzugung der einen oder anderen Hemisphäre verschiedene Begabungen verbinden. Hinsichtlich der Betonung der unterschiedlichen Funktionen der beiden Hemisphären des Großhirns und den daraus erwachsenden Konsequenzen für Lernprozesse ist durchaus Skepsis angebracht. Erwünschtes integrierendes Denken ist weniger eine Frage des Gebrauchs einer Gehirnhälfte, sondern entsteht durch das Zusammenspiel beider. **Gehirngerechtes Lernen bedeutet, bei der Aufnahme und Verarbeitung von Wissen möglichst viele Gehirnareale zu beteiligen, also bewusst kreatives und rationales Denken in Gang zu setzen.** Die gleichzeitige Stimulation von linker und rechter Hemisphäre, beispielsweise durch Präsentation von Faktenwissen einerseits und Musik andererseits, wird als horizontale Integration bezeichnet und kann effizientes Lernen stützen. Welchen Lernstoff Sie sich entspannt erarbeiten und einprägen können, sollten Sie ausprobieren.

kurz und knapp

Um beim geistigen Arbeiten eigene Stärken und Schwächen bewusst einsetzen zu lernen, ist es sinnvoll, verschiedene intellektuelle Arbeitsformen und die dazu erforderlichen Fähigkeiten zu unterscheiden. Gehen Sie von Ihren Erfahrungen aus, beobachten Sie, wie erfolgreich und zufriedenstellend Sie bestimme Arbeiten tun, was Sie davon gern tun oder welche Teilfunktionen geistiger Arbeit sie eher vernachlässigen und vielleicht trainieren sollten.

2.2 Was Sie über Lernen wissen sollten

Überzeugungen in Hinblick auf das eigene Lernen und die eigene Lernfähigkeit haben einen großen Einfluss auf Lernmotivation und Lernleistung.

Lernen bedeutet das Aufnehmen neuer Informationen und ihre Verknüpfung mit bestehenden Wissensstrukturen. Ergebnisse der Hirnforschung zeigen, wie sich Absichtsbildungen auf die Kognition auswirken. Menschen reagieren, wenn Sie einen Entschluss gefasst haben nicht nur passiv auf einfließende Informationen, sondern verbinden die Informationen mit ihren Plänen zu Handlungsentwürfen. Sie beobachten die Ausführung der Handlungen und steuern Verhalten so, dass mit den Vorhaben Übereinstimmung erzielt wird. Für die Gestaltung von Lernprozessen lässt sich daraus ableiten, dass sowohl die Wahrnehmung wie die Verarbeitung von Informationen verbessert werden, wenn vorhandenes Wissen aktiviert ist und Sinnbezüge und Assoziationen herzustellen sind.

Um Lernerfolge zu erzielen, ist eine **gerichtete Aufmerksamkeit** wichtig **und die Bereitschaft, bisheriges Wissen zu hinterfragen und zu erweitern.** Durch vergleichende, überprüfende, analytische und strukturierende Denkprozesse ist die Einbettung in vorhandene Netzwerke des Wissens möglich.

Tipp

Realistische Vorstellungen von Lernprozessen können nachweislich motivieren und die Fähigkeit, sich neues Wissen anzueignen, verbessern und damit die Lernleistung steigern. Lesen Sie deshalb weiter!

Menschen, die davon ausgehen, dass **Wissen fortlaufend durch beständige Revisionen weiterentwickelt** und optimiert wird, nehmen sich eher Zeit, verschiedene Positionen zu finden und abzuwägen, und ihr Lernen wird nachhaltiger.

Überzeugungen hinsichtlich der Sicherheit und der Struktur von Wissen haben Einfluss auf Lernprozesse. Wenn Studierende davon ausgehen, dass **Wissen als komplexer Zusammenhang von Ideen, Hypothesen und Beobachtungen** zu betrachten ist, lernen sie anders als Leute, die unter Wissen eine Ansammlung von Einzelfakten verstehen. Sie arbeiten nämlich gezielt an der Organisation ihres Wissens.

Menschen, die davon ausgehen, dass **Wissen** das **Resultat aktiver Wissenskonstruktion** ist, haben einen selbstbewussten Lernstil und ein Lernverhalten, das den Ansprüchen des Studiums besser entspricht. Sie gestehen sich von Anfang an zu, Wissensinhalte zu bewerten und sie mit ihren bisherigen Überzeugungen zu vergleichen. Sie stützen sich auf Vorkenntnisse mit der Bereitschaft, diese zu ergänzen, zu differenzieren oder zu revidieren.

Wer eine realistische Einstellung zur Geschwindigkeit von Lernprozessen hat, und weiß, dass **Lernen ein gradueller Prozess** ist, der Zeit und Mühe erfordert, bringt durchschnittlich gesehen mehr Frustrationstoleranz auf und hat mehr Durchhaltevermögen und dadurch mehr Erfolg.

Die Annahme, auf das eigene Lernverhalten Einfluss zu haben und es verändern zu können, verschafft offensichtlich **Motivation** und Energie. Menschen, die man durch die Kenntnis der lebenslangen kognitiven Veränderungsmöglichkeit des Gehirns motivierte, lernten anschließend signifikant besser als jene, die diese Information nicht erhalten hatten.

kurz und knapp

Personen, die realistische Auffassungen über das Lernen besitzen und ihre eigene Lernfähigkeit optimistisch als etwas betrachten, das sie verändern können, lernen deutlich effizienter und setzen sich höhere Ziele. Sie bringen mehr Durchhaltevermögen angesichts von Schwierigkeiten auf und zeigen mehr Offenheit für den Erwerb neuer Lernstrategien.

2.3 Arbeits- und Lernmaterial organisieren

Wie und wo finden Sie die Informationen zu einem Thema, das Sie bearbeiten möchten?

Wie halten Sie gefundene Informationen und Ergebnisse fest?

Wenn Sie zur Beantwortung der Fragen auf eingeübte und zielführende Gewohnheiten zurückgreifen können, brauchen Sie diesen Abschnitt nicht zu lesen! Im anderen Falle sollten Sie sich hier einige Anregungen holen, wie Sie sich die Informationen beschaffen, die Sie zur Erledigung Ihrer Studienaufgaben benötigen.

Bei der Auswahl von Texten zu einem Thema entscheiden Sie sich beim Einstieg in ein neues Gebiet zunächst für Literatur, die Ihnen einen Überblick verschafft, und ziehen Sie später die Literatur heran, die einzelne Aspekte berücksichtigt.

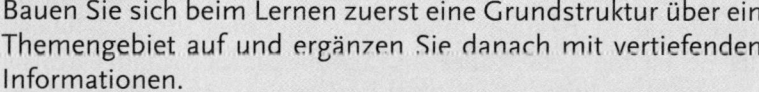

Tipp

Bauen Sie sich beim Lernen zuerst eine Grundstruktur über ein Themengebiet auf und ergänzen Sie danach mit vertiefenden Informationen.
Verschaffen Sie sich erst einen Überblick über den Aufbau eines Textes oder Buches, über die wesentlichen Argumentationslinien und erarbeiten Sie sich dann im Detail die Passagen, die für Ihr spezifisches Leseinteresse von Bedeutung sind.

Günstig ist es, wenn Sie die Lesegeschwindigkeit variieren können. Identifizieren Sie durch rasches Lesen die für Sie wesentlichen Passagen und reduzieren Sie beim genauen Lesen die Geschwindigkeit. Die Lesegeschwindigkeit lässt sich trainieren. Beispielsweise durch dieses Lernmodul:

http://studienberatung.fu-berlin.de/public_media2/e-learning/flv/schneller_lesen/

Zur Literaturbeschaffung bekommen Sie viele Hinweise in den einzelnen Veranstaltungen. Sie erhalten möglicherweise Skripte und Literaturlisten oder können die entsprechenden Materialien auf der Lernplattform Ihrer Hochschule einsehen und herunterladen. Das ist für die Vorbereitung auf Klausuren oft ausreichend, aber für Referate oder schriftliche Ausarbeitungen müssen Sie zusätzlich recherchieren. In der **Bibliothek** können Sie die relevante Fachliteratur besorgen und einsehen. Machen Sie sich mit der Systematik, nach der die Bibliothek aufgebaut ist, vertraut und ebenso mit der Art der Vergabe von Signaturen. Dann gelingt es Ihnen sehr schnell, sich zurechtzufinden.

Die **Internetrecherche** liefert Ihnen in kürzester Zeit Informationen. Dabei ist es nicht ganz einfach, aus der Flut der Daten seriöse, für wissenschaftliche Arbeiten zulässige Quellen zu erkennen. Die Art Ihrer Suche erlaubt es Ihnen, Einfluss auf die Qualität der Ergebnisse zu nehmen. Sehr viele Universitätsbibliotheken bieten fachspezifische Kurse an und geben auf ihren Internetseiten entsprechende Hinweise. Unter http://www.suchfibel.de finden Sie solch eine Einführung.

Bei der **Verwendung von Internetquellen** müssen Sie sorgfältig vorgehen und die in Frage kommenden Seiten prüfen. Stellen Sie fest, wer für den Text verantwortlich ist und welche Referenzen die Person als Experte für das Fachgebiet ausweisen. Begriffe wie „user" oder „member" geben Hinweise, dass es sich um private Seiten handelt. Beziehen sich andere Autor/innen auf die Person? Verlinken andere auf diese Seite? Die Möglichkeiten der Linksuche bieten viele Suchmaschinen. Gibt es Kontaktadressen? Ist die Seite datiert? Beachten Sie den Status des Dokuments: Handelt es sich um einen Zeitungsartikel oder einen Kongressbeitrag? Warum wurde die Seite ins Netz gestellt? Sind die im Text getroffenen Aussagen angemessen belegt und die Quellen benannt? Überprüfen Sie einige der Angaben! Wenn Sie beschlossen haben, sich auf die Quelle zu beziehen, beachten Sie die Standards zum Zitieren von Online-Dokumenten. Die richtigen Hinweise dafür erfahren Sie in Ihrer Universitätsbibliothek oder an Ihrem Fachbereich.

Für die Literaturrecherche ist die Festlegung auf Suchbegriffe wesentlich. Der Einstieg erfolgt meist über Schlagwörter, die fachspezifisch nach festgelegten Regeln vergeben werden. Es eignen sich darüber hinaus alle Begriffe, von denen Sie vermuten, dass sie im Titel eines Fachtextes stehen könnten, der für Ihr Thema relevant wäre. **Der erste Schritt Ihrer Recherche ist, sich zu überlegen, mit welchen Begriffen Ihre Fragestellung am besten zu beschreiben wäre.** Um nicht in Suchergebnissen zu ertrinken, empfiehlt es sich, Suchwörter zu verknüpfen, was mit den Operatoren UND, ODER und NICHT geschieht. Suchen, bei denen systematisch Gebiete ausgeschlossen werden, sind besonders hilfreich, weil sie die Anzahl der gefundenen Titel und damit die Menge, die Sie intensiver bearbeiten müssen, verringern.

Wenn Sie eine Liste mit relevanter Literatur zusammengestellt haben, beginnt die eigentliche Arbeit. Sie müssen entscheiden, welche Literatur Sie sich beschaffen und durcharbeiten möchten. Bestellen Sie nicht zu viel auf einmal und fangen Sie am besten mit Lehrbüchern und den zur Einarbeitung empfohlenen Büchern an. Klug ist es, sich von Anfang an einer elektronischen Literaturverwaltung zu bedienen. Sie können bei elektronischer Katalognutzung die Daten übernehmen und Sie besitzen immer die vollständigen bibliographischen Angaben. Die **elektronische Literaturverwaltung** hat viele Vorteile gegenüber den herkömmlichen Notizen auf Karteikarten o.ä.: Sie können die Daten beliebig oft kopieren und ständig ergänzen. Die speziellen Literaturverwaltungsprogramme ermöglichen es, die bibliographischen Angaben mit Stichwörtern, Kommentaren und Zitaten zu versehen. Die Programme erlauben es außerdem, Literaturlisten nach unterschiedlichen Zitierformaten herzustellen. Man kann solche Literaturverwaltungsprogramme kostenlos aus dem Netz herunterladen, beispielsweise unter www.citavi.com oder www.litlink.ch.

kurz und knapp

Unabhängig davon, ob Sie vor allem im Internet recherchieren oder in Bibliothekskatalogen, ist es wichtig, sich zuerst einen Überblick über das Thema zu verschaffen. Besorgen Sie sich nicht zu viel Literatur auf einmal, sondern entscheiden Sie sich immer gezielt für weiterführende Literatur, indem Sie fortlaufend vertiefenden, enger werdenden Fokussierungen folgen. Lesen Sie nicht zu früh zu spezifische Texte!

2.4 Material effizient bearbeiten

Der folgende Abschnitt bezieht sich auf Lernmaterial, mit dem Sie in Vorlesungen und Seminaren konfrontiert werden und auf solches, das Sie sich zur Bearbeitung spezieller Fragen oder zur Vertiefung besorgt haben. Es geht hier nicht um die Auswertung oder Analyse von Daten, für die Sie fachspezifische Analyse- und Dokumentationsmethoden benötigen.

Im Studium müssen Sie wissenschaftliche Texte auswerten und relevante Informationen effizient zusammenstellen. Das heißt: Sammeln, Zuhören, Lesen, Exzerpieren, Gegenüberstellen von Aussagen zu einem Sachverhalt, Analysieren des Lernstoffes und übersichtliches Aufbewahren der Ergebnisse. Sie müssen dabei jeweils die Informationen bewerten, einen Überblick gewinnen und entscheiden, welche Informationen Sie davon behalten wollen. Nicht alles, was Sie hören und lesen, ist wichtig, aber einiges davon kann möglicherweise noch Bedeutung bekommen. Deshalb machen Sie von etlichen Texten, die Sie lesen, Notizen, die Sie zu einem späteren Zeitpunkt weiter verwenden wollen. Wie halten Sie Gelesenes und Gehörtes fest, um die Aufzeichnungen bei Bedarf zur Verfügung zu haben?

Informationen aus Texten erarbeiten
Gehen Sie beim Lesen von Texten von Ihrem Erkenntnisinteresse und von Ihrem Vorwissen aus. Um Gelesenes dem eigenen Denken verfügbar zu machen, muss man es an vorhandene Kenntnisse anschließen. Selbst wenn Sie meinen, dass Sie von einem bestimmten Thema noch gar nichts wissen, besitzen Sie doch vage Vorstellungen davon oder zumindest von dem Kontext, auf den das Thema verweist. Schreiben und Lesen wissenschaftlicher Texte sind in einem kommunikativen Prozess verbunden. Der Autor teilt Ihnen sein Verständnis eines Sachverhalts mit, und Sie müssen diese Informationen in Ihren Denkzusammenhängen nach Ihren Erkenntnisinteressen erschließen.

Tipp

Nehmen Sie beim Lesen eine aktive Haltung ein: Stellen Sie Fragen an den Text und eignen Sie sich die darin vorhandenen Antworten an.

Gehen Sie nach der **Methode des aktiven Lesens** vor:
Zuerst müssen Sie über den Text einen **Überblick gewinnen**, sich mit ihm vertraut machen und den Aufbau des Aufsatzes oder des Buchs verstehen. Das gelingt gut über das Lesen des Vorworts, des Inhaltsverzeichnisses oder von Zusammenfassungen. Um einen Eindruck von Stil und Sprache zu gewinnen, sollten Sie hier und da einige Zeilen lesen. Dafür sollten Sie nicht viel Zeit veranschlagen, sich aber anschließend in Ruhe überlegen, was Sie zum Thema bereits wissen und was Sie durch die Lektüre erfahren wollen. Um was für einen Text handelt es sich? Wird ein Sachverhalt in verschiedenen Aspekten ausgeführt oder ist es eine Stellungnahme? Aus welcher Perspektive ist er verfasst? Ist es eine Einführung oder wird in dem Text ein theoretisches Konzept an einem Beispiel erprobt und diskutiert? Finden Sie im Text Bezüge zu einer bestimmten Fragestellung, die Sie interessiert? Vor allem beim Einüben dieser aktiven Lesemethode sollten Sie die **Fragen**, die Ihnen eingefallen sind, **aufschreiben**. Wenn Sie routinierter sind, notieren Sie nur die Ergebnisse der Lektüre.

Beim Lesen wird die Aufmerksamkeit durch die Fragen gerichtet, und Ihre Aufgabe besteht darin, die **Hauptaussagen** zu **erfassen**. Versuchen Sie, die zentralen Gedanken des Autors herauszufinden. Achten Sie auf die den Text strukturierende, innere Gliederung, die an Wörtern wie „an

erster Stelle", „beispielsweise", „außerdem", „schlussfolgernd", „abschlie-
ßend" zu erkennen ist.

Wenn Sie einen Abschnitt oder bei einem leichteren Text ein Kapitel
gelesen haben, rufen Sie sich den Inhalt ins Gedächtnis. Vermeiden Sie
zu diesem Zeitpunkt, noch einmal im Text nachzulesen, sondern **beantworten Sie Ihre Fragen** möglichst schriftlich. Schreiben Sie aus dem Gedächtnis die wichtigen Punkte in knappen Aussagen auf. Notieren Sie
wirklich nur die wichtigsten Informationen in Kurzform.

Tipp

Falls Sie in dem Text Markierungen vornehmen wollen, tun Sie
dies erst dann, wenn Sie den Text gelesen und sich innerlich die
wichtigsten Inhalte in Erinnerung gerufen bzw. Ihre Fragen be-
antwortet haben.

Diese **Arbeitsschritte** sollten Sie **für jeden Abschnitt, jedes Kapitel wiederholen.** Überfliegen Sie noch einmal die Überschriften, erinnern Sie die
wichtigsten Punkte. Bei umfänglichen Texten ist es empfehlenswert die
Antworten, die Sie gefunden haben, kurz schriftlich **zusammenzufassen.**
Sie sollten dafür den Text noch einmal oberflächlich durchgehen, sich die
wichtigsten Gedanken in Erinnerung rufen und einzelne Stellen, an denen
Sie unsicher sind, wieder nachlesen. Halten Sie die inhaltlichen Zusammenhänge fest und sehen Sie sich Ihre Notizen durch. Versuchen Sie,
einen **Kommentar** zu **formulieren,** überlegen Sie, ob Sie Aussagen wider-
legen oder ergänzen können, ob Sie der Argumentationslogik des Textes
folgen wollen und wie Sie den Text bewerten.

Wenn Sie mit der Methode des Mind Mapping vertraut sind, können Sie
diese auch zur Organisation Ihrer Lesenotizen nutzen. Statt einer Zusammenfassung der Antworten zu Ihren Leitfragen halten Sie die wesentlichen
Gedanken und Zusammenhänge eines Themas mit einer *Mind Map* fest.

kurz und knapp

Die Bearbeitung wissenschaftlicher Texte ist eine Grundlage für den
Wissenserwerb, die geeignete Techniken erfordert. Entscheidend ist,
dass Sie eine aktive Haltung einnehmen und nicht passiv fremde Gedanken abspeichern. Wenn Sie die Lektüre an (für Ihr Verständnis) relevanten Leitfragen orientieren, erhöhen Sie Konzentration und Motivation.
Nutzen sie die Methode des aktiven Lesens!

Mündlich dargebotene Informationen erschließen

Um Vorlesungen und Seminare gezielt auszuwerten, gehen Sie ähnlich vor, wie es oben für das Lesen beschrieben ist: Erhöhen Sie Ihre Konzentration, indem Sie ausgehend von Ihrem Vorwissen, Fragen zum Vortragsthema stellen. Neben dem Zuhören sind Sie innerlich damit beschäftigt, das Gehörte in Wissenskontexte einzuordnen, Antworten auf Ihre Fragen zu finden und die Logik der Argumentation zu folgen. **Wenn Sie sich Notizen machen wollen, klären Sie vorab, welche Funktion Ihre Mitschrift hat.**

Schreiben Sie, weil Sie sich dadurch besser konzentrieren können und sich nach dem Vortrag an der Diskussion beteiligen wollen? Möchten Sie Wissen speichern und dieses für die Klausurvorbereitung oder eine Prüfung parat haben? Oder wollen Sie die zentralen Aussagen zu einem Thema erfassen ohne einen bestimmten Verwendungszweck? Die unterschiedlichen Funktionen, die Sie Ihrer Mitschrift zuweisen, legen jeweils nahe, was Sie notieren sollten.

Im ersten Fall, wenn Sie sich konzentrieren und in der anschließenden Diskussion einen Beitrag leisten möchten, sollten Sie notieren, was Ihnen auffällt, was Sie noch nicht verstanden haben bzw. etwas, worüber Sie anders denken oder wozu Sie ergänzende Einfälle haben. Sie sollten allerdings nur die Aussage möglichst wörtlich mitschreiben, auf die Sie sich beziehen möchten.

Wenn Sie mitschreiben, weil Sie wissen wollen, wie jemand einen Sachverhalt versteht und welche Aspekte für wesentlich gehalten werden, sollten Sie Begriffe, Begriffshierarchien, Definitionen, bibliographische Angaben, methodische Hinweise, theoretische Bezüge und Erläuterungen festhalten, die über Ihr Wissen hinausgehen. Sie fertigen eine Übersicht an, die Sie anhand der Verweise nachträglich ausarbeiten können.

In Mitschriften, die Sie vielleicht zu einem späteren Zeitpunkt verwenden wollen, muss all das gespeichert werden, was Ihnen hilft, die zentralen Aussagen zu benennen und zu erkennen, in welchem Zusammenhang der Vortrag stand. Sie sollten also die gedankliche Gliederung dokumentieren sowie die wesentlichen Argumentationslinien und Bezüge.

Wenn Sie für sich geklärt haben, warum Sie sich Notizen machen, sollten Sie sich auch inhaltlich einstimmen. Durch Gedanken zum Thema der Veranstaltung können Sie mental Erwartungen aufbauen und Ihre Aufmerksamkeit ausrichten. Den Vorträgen werden meist Gliederungen vorangestellt, die Ihnen eine orientierende Übersicht geben, das Herausfinden der Hauptaussagen erleichtern und an denen Sie sich orientieren können, wenn Sie zwischendurch den roten Faden verloren haben.

Schreiben Sie nicht viel mit. Zuhören und Verstehen sind wichtiger als Schreiben. Beginnen Sie erst dann mit Ihrer Notiz, wenn ein Sinnabschnitt beendet ist. Redner wiederholen sich und erläutern ihre Gedanken oft an Beispielen. Dies sind geeignete Zeitpunkte, um beim Mitschreiben eigene Gedanken und Bewertungen nachzutragen.

> **Tipp**
>
> Die Mitschrift ist dann gut auszuwerten und als Lernmaterial zu verwenden, wenn Sie in ihrer formalen Gestaltung eine vertiefende Bearbeitung ermöglicht. Lassen Sie breite Ränder für künftige Ergänzungen.

Bewährt hat sich, zumindest an der linken Seite des Blattes für einen breiten Rand zu sorgen, denn dort können Sie später die Schlüsselbegriffe eintragen, auf die sich die Notiz rechts davon bezieht. Dies ist eine gute Form, die Sie anschließend beim Lernen nutzen können. (Sie decken die rechte Blattseite ab und fragen sich ab, was Sie zu den Schlüsselbegriffen wissen.) Wenn Sie auch rechts eine freie Spalte vorsehen, können dort Querverweise und eigene Anmerkungen eingefügt werden. Lassen Sie zwischen einzelnen Begriffen oder knappen Aussagen, die Sie notieren, ausreichend Platz, so dass Sie nachträglich zu den Schlüsselbegriffen die Grundaussagen erläutern können.

Wenn Sie sich vor dem Mitschreiben bereits themenrelevante Kategorien überlegt haben, kann man die Notizen in tabellarischer Form organisieren. Die neuen Informationen in einer Tabelle aufzulisten, ist besonders dann geeignet, wenn es darum geht, Übersichten über Ereignisse, Untersuchungsergebnisse, Namen und konkrete Fakten festzuhalten.

Vergleichen Sie Ihre Mitschrift mit der eines Kommilitonen/einer Kommilitonin nach der Veranstaltung, dann können Sie sofort gezielt Ergänzungen vornehmen. **Überarbeiten Sie Ihre Notizen zeitnah, um einzelne Gedankenschritte leichter nachvollziehen zu können. Fügen Sie Begriffserklärungen und eigene Kommentare ein:** Strukturieren Sie Ihre Mitschrift durch Hervorhebungen der Hauptpunkte und streichen Sie Notizen, die sich im Nachhinein als unwesentlich erweisen. Ergänzen Sie die Definitionen der unbekannten Wörter und ordnen Sie den Stoff durch Nummerierung und / oder Überschriften. Notieren Sie auch Fragen, die sich für Sie ergeben haben – seien es Unklarheiten oder weiterführende Fragen, die Ihnen helfen, den Stoff zu vertiefen. Eine Vorlage zur Erstel-

lung und Überarbeitung von Mitschriften können Sie hier herunterladen:
www.utb-mehr-wissen.de

Auch für Mitschriften ist die graphische Darstellung durch *Mind Maps* ein
gutes Format, in dem Sie Informationen strukturiert anordnen können
und das seine Übersichtlichkeit nicht verliert, wenn Sie zum Thema weitere Informationen hinzugewinnen. Bilden Sie die Notizen in Form von
Haupt- und Nebenlinien (z.B. die genannten Gliederungspunkte) um den
Themenkern herum ab. Sie ordnen den Hauptgedanken einzelne Linien
zu, und „hängen" im Verlauf des Vortrags zugehörige weiterführende
Informationen an. Die *Mind Map* erlaubt es, zwischen den verschiedenen
Hauptaspekten zu pendeln, und wenn man einmal den Faden verloren
hat, ist es leicht, sich an den Hauptlinien zu orientieren und wieder den
Anschluss zu finden.

kurz und knapp

Wenn Sie vor einem Vortrag überlegen, aus welchem Grund Sie mitschreiben wollen, können Sie das Gehörte leichter strukturieren und besser
entscheiden, was Sie notieren. Versuchen Sie während des Vortrags die
wesentlichen Aussagen zu erfassen und herauszufinden, worauf der
Sprecher hinaus will. Schreiben Sie nicht jede Argumentationslinie mit,
sondern konzentrieren Sie sich auf die zentralen Begriffe und deren Zusammenhang. Nutzen Sie strukturierte Aufzeichnungsformen, wie Tabel-
len oder *Mind Maps*. Die visuelle Aufbereitung unterstützt es, einen Überblick zu erhalten und Beziehungen zwischen einzelnen Aussagen
herzustellen.

Leseergebnisse sichern / Exzerpte anlegen

Manchen Text werden Sie im Laufe Ihres Studiums immer wieder benötigen. Wenn Lesenotizen so angefertigt werden, dass wesentliche Aussagen und Argumentationslinien nachvollziehbar festgehalten sind, lassen
sich Aufzeichnungen mehrfach in verschiedenen Zusammenhängen nutzen und der Originaltext muss nicht immer wieder von Neuem zur Hand
genommen werden.

**Notizen, die sich genau auf den Text beziehen und wichtige Gedanken
zu einem bestimmten Sachverhalt sinngemäß festhalten, nennt man Exzerpt.** Es dokumentiert genau, zu welchem Thema welche Aussage gemacht wird und auf welcher Seite des Textes dies zu lesen ist. Unabhängig

davon, ob Sie mit der Hand oder dem PC schreiben, ob Sie die Exzerpte auf Blättern in Ordnern, in Dateien oder auf Karteikarten ablegen, ist es vorteilhaft, wenn Sie die gewählte Form über längere Arbeitsperioden beibehalten.

Eine Vorlage, ein Exzerpt strukturiert anzulegen, können Sie sich hier ausdrucken: www.utb-mehr-wissen.de

Hinweise zum Exzerpieren:

- Ein Exzerpt soll das jeweilige Thema eines Abschnitts oder Kapitels präzise beschreiben, so dass die Unterschiede zwischen den Abschnitten deutlich sind. Die formale Angabe muss das Kapitel benennen, die entsprechenden Seitenzahlen und gegebenenfalls den Absatz.
- Die Aussage ist sinngemäß in (möglichst eigenen) Sätzen wiederzugeben. Stichwörter genügen nicht. In einer eigenen Rubrik können Kommentare notiert werden.
- Das Exzerpt ist ein konzentrierter Auszug, also deutlich kürzer als das Original.
- Gestalten Sie das Exzerpt übersichtlich.
- Jede Karteikarte, jede Datei, jedes Blatt des Exzerpts enthält die eindeutige Literaturangabe des Textes.
- Fachbegriffe und deren Zuordnung müssen Sie wörtlich übernehmen.
- Wenn Sie wörtliche Zitate abschreiben, kennzeichnen Sie diese durch Anführungsstriche und halten Sie die Seitenzahl fest.
- Achten Sie auf Schlüsselbegriffe und die Stellen im Text, die einen neuen Gedankengang ankündigen. Besonders bei wenig gegliederten Passagen muss die Abfolge des Gedankenverlaufs erfasst werden. Wichtig sind im Text die Stellen, in denen einzelne Aussagen und Abschnitte in Beziehung gesetzt werden. Konjunktionen zeigen eine logische Verbindung zwischen Teilsätzen an.
- Wenn Ihnen der Text dauerhaft zur Verfügung steht, können Sie sich auf knappe Lesenotizen beschränken. Allerdings haben eigene Formulierungen einen besseren Lerneffekt als das wiederholte Nachlesen fremder Sätze.
- Mit Symbolen, die Sie festlegen, Skizzen oder zusammenfassenden *Mind Maps* lassen sich Exzerpte differenziert gestalten.
- Sie müssen immer dann genau werden, wenn es um die für Ihr Verständnis zentralen Passagen geht, andere Textteile hingegen können Sie auch zusammenfassend darstellen und bewerten.

Informationen strukturiert zusammenstellen

Wenn Sie sich Themen erarbeiten, die Sie für die Vorbereitung von Klausuren, das Erstellen eines Referates oder das Verfassen einer Hausarbeit benötigen, ist es sinnvoll, den Lernstoff inhaltlich zu strukturieren. Das verlangt Kategorien zu bilden, Zusammenhänge oder Analogien zu entdecken sowie Ähnlichkeiten und Gegensätzlichkeiten herauszufinden. Daraus ergeben sich Möglichkeiten, nach denen Sie erarbeitetes Material strukturieren können. Im Material selbst sind oft geeignete Strukturierungsmerkmale erkennbar, beispielsweise legen Texte über zeitgeschichtliche Phänomene eine chronologische Unterteilung nahe.

Möglichkeiten zur Strukturierung:

- Eine einfache Strukturierungsform von erarbeitetem Material ist die Gegenüberstellung von Standpunkten, alternativen Lösungswegen oder Argumentationsweisen.
- Ein komplexer wissenschaftlicher Sachverhalt lässt sich durch unterschiedliche Perspektiven in verschiedene Betrachtungsebenen einteilen.
- Durch senkrecht aufeinander bezogene Dimensionen kann man ein Matrize als Strukturierungssystem erstellen und die Informationen darunter einordnen.
- Das Formulieren von übergeordneten Kriterien erlaubt es, das Material zu hierarchisieren und in über- und untergeordnete Systeme aufzuteilen.
- Wenn der Funktionsablauf kompliziert erscheint, kann man die Informationen in ein *Flussdiagramm* einfügen und damit verschiedene Teilprozesse eines Geschehens übersichtlich dokumentieren.
- Die Visualisierung des Zusammenhanges von Informationen zu einem Thema in Form einer *Mind Map* ist dann günstig, wenn man verschiedene Teilaspekte mit ihren Differenzierungen abbilden will. Die Nebenlinien lassen sich jeweils nach hierarchischen Gesichtspunkten weiter auffächern. Auf diese Weise können Sie übergeordnete und untergeordnete Aspekte zu einem Thema in einer Abbildung übersichtlich darstellen.

Lesen, um zu schreiben

Beim Verfassen wissenschaftlicher Texte verknüpfen Sie die Darstellung von Aussagen der Fachwissenschaft mit Ihren eigenen Gedanken und

Schlussfolgerungen. Lesen bereitet das Schreiben vor, hilft, den Sachverhalt zu verstehen und eigene Ansichten zu überprüfen. Sie haben damit ein genau umrissenes Leseinteresse, an dem Sie Ihre Aufzeichnungen orientieren sollten, ausgehend von allgemeinen Einblicken in den Sachverhalt zu spezifischem, vertiefendem Detailwissen.

Themenbereiche fokussieren:

- Verschaffen Sie sich einen Überblick über das Thema, lesen Sie Einführungen und Schlusskapitel.
- Erarbeiten Sie sich die zentralen Begriffe des vorgesehenen Themengebiets und schreiben Sie Zusammenfassungen. Wie erschließt sich Ihnen die neue Materie, welche interessanten Informationen haben Sie gewonnen? Welche weiterführenden Fragen ergeben sich?
- Aus den thematischen Zwischenbilanzen können Sie weitere Schlagwörter ableiten, zu denen Sie dann die Fachliteratur gezielt durchsehen. Lösen Sie sich von den Gliederungen der Fachliteratur und folgen Sie Ihren weiterführenden Fragen und den für Ihr Denken wichtigen Begriffen und Konzepten.
- Schreiben Sie keine Exzerpte von Aufsätzen oder Büchern, sondern stellen Sie unter den ausgewählten Schlagwörtern die Aussagen verschiedener Autor/innen zusammen. Vergessen Sie dabei nie die bibliographischen Angaben.
- Benutzen Sie für die Darstellung der Leseergebnisse Ihre eigene Sprache, halten Sie aber geeignete Zitate fest. Wörtliche Zitate brauchen Sie für Belege in Ihrer eigenen Darstellung und für eine kritische Bearbeitung. Denken Sie dabei an Zitatzeichen und die Seitenzahlen.
- Die Lesenotizen können Sie in Ordnern, Schlagwortkarteien oder in Dateien organisieren. Mit dem PC lassen sich auch differenzierte Schlagwortkarteien führen. Kostenfreie Software können Sie beispielsweise unter www.mhst.net/cuecards finden.

2.5 Lernen: Wissen verankern

Wissenserwerb verläuft in einer gut strukturierten Abfolge von Arbeitsschritten: Sie stellen das zu lernende Material zusammen. Sie teilen den Lernstoff in Lerneinheiten ein und legen fest, wie viel Sie davon in einer Zeitspanne lernen möchten. Sie müssen den Inhalt verstehen und gegebenenfalls komprimieren. Dazu arbeiten Sie mit Lesemethoden und

Strukturierungsmethoden, wie Sie im vorangehenden Abschnitt beschrieben sind. Sie bereiten den Lernstoff schriftlich auf (oder, falls Sie besonders gut über das Hören lernen, dokumentieren Sie ihn auch akustisch) und prägen ihn sich ein. Später rufen Sie sich den Lernstoff wieder in Erinnerung, überprüfen, was Sie behalten haben, und wiederholen.

Um zu lernen, müssen Sie die Inhalte verstehen, einordnen und mit dem Vorwissen verankern. Wenn Sie beispielsweise als Biologin lernen wollen, Zellstrukturen voneinander zu unterscheiden, brauchen Sie Beschreibungskategorien, nach denen Sie die Intensität und Form verschiedener Einfärbungen differenzieren können.

Tipp

Genaue Fachbegriffe und ein breiter fachlicher Hintergrund erleichtern die Integration von neuen Informationen. Es gelingt nicht nur leichter, sie zu verstehen und in Zusammenhang zu stellen, sie sind auch aufgrund ihrer Vernetzbarkeit mit dem Vorwissen sicher zu behalten. Das verkürzt die Lernzeit.

Es ist günstig, wenn Sie neue Sachverhalte aus zugrundeliegenden bekannten Sachverhalten aufbauen können. Klären Sie also die notwendigen Begriffe, identifizieren Sie die Grundidee oder das Organisationsprinzip, nach dem das zu lernende Material strukturiert ist. Gehen Sie sicher, dass Sie das Konzept bzw. den Text verstanden haben, indem Sie dies in Ihren eigenen Worten ausdrücken. Halten Sie diese Zwischenergebnisse fest. Nun kann das eigentliche Lernen, das Verankern von Wissen in Ihrem Gedächtnis, beginnen. Mehrmaliges Lesen des Lernstoffs ohne weitere Bearbeitung hat jedoch kaum Lerneffekte. Um Fortschritte zu erreichen, müssen bei jedem Wieder-Lesen neue Verknüpfungen hinzukommen, indem Sie beispielsweise Zusammenhänge herstellen, sich Unterscheidungen bewusst machen, oder sich vorstellen anderen den Inhalt nahezubringen.

Große Mengen an Informationen lassen sich nur erinnern, wenn Sie sie in überschaubare, sinnvoll strukturierte Portionen eingeteilt und abgespeichert sind. In dem vorangehenden Abschnitt sind verschiedene Strukturierungsmöglichkeiten beschrieben, nach denen Sie Lernstoff unter ordnenden Gesichtspunkten aufteilen können. Auf diese Weise erleichtern Sie sich das Wiederholen. Wenn Sie in Ihren Aufzeichnungen über- oder untergeordnete Aspekte durch farbige Markierungen kennzeichnen, erhöht dies die Behaltensmöglichkeit. Lernen lässt sich auch erleichtern, wenn Sie persönlich relevante Strukturierungsmerkmale verwenden und Ordnungsprinzipien durch Beispiele aus der eigenen Lebenserfahrung nachvollziehbar machen.

Lernen durch Strukturieren ist kein Prozess, in dem das Wissen kontinuierlich ansteigt. Es gibt Phasen der Stagnation – immer dann, wenn Sie neue Strukturierungsebenen finden müssen –, weil die bisherigen der Komplexität der Inhalte nicht mehr gerecht werden.

Tipp

Umfangreiche Inhalte lassen sich leichter erlernen, wenn man sie durch Kategorien, Oberbegriffen und Regeln strukturiert. Gelernte Strukturen werden auch über längere Zeiträume gut behalten.

Beim **Gedächtnislernen** geht es darum, sich Fakten, Vokabeln, Formeln, Daten einzuprägen, die man zu einem späteren Zeitpunkt benötigt. Das sind Grundbegriffe Ihrer Wissenschaft, Formeln, die Sie regelmäßig benötigen sowie Daten und Fakten, auf die oft in Argumentationen und Debatten verwiesen wird.

Tipp

Lernen Sie, wenn Sie sich etwas einprägen wollen, in kurzen und regelmäßigen Zeitabschnitten. Wählen Sie eine Tageszeit zu der Sie sich aufnahmefähig und wach fühlen.

Wenn Sie diese Bedingung beachten, lässt sich die Gedächtnisleistung wesentlich erhöhen: Sie lernen ungefähr doppelt so schnell.

Ein günstiger Lernplan könnte so aussehen:

- Lernen Sie am Vormittag eine halbe Stunde und nehmen Sie sich abends eine Viertelstunde Zeit, um das Gelernte noch einmal durchzugehen.
- Lernen Sie am nächsten Vormittag eine halbe Stunde Ihren Lernstoff vom Vortag und wiederholen Sie ihn am Abend.

- Wiederholen Sie am Vormittag des nächsten Tages die erste Lernein-
  heit und nehmen Sie sich die zweite Einheit des Lernstoffs vor. Am
  Abend wiederholen Sie, was Sie vormittags neu gelernt haben.
- Wiederholen Sie am Vormittag die zweite Lerneinheit und widmen
  sich der dritten Einheit, die Sie abends wiederholen.
- Am vierten Tag wiederholen Sie das Programm des Vortags und fü-
  gen eine neue Lerneinheit dazu, die Sie abends wiederholen.
- Nach zwei Tagen Pause wiederholen Sie das Lernpensum der ver-
  gangenen Tage.
- Nun können Sie mit einem neuen Lerngebiet beginnen.
- Nach ungefähr vier Wochen sollten Sie – nach zwei Tagen Pause – das
  gesamte Lernpensum überprüfen.

Eine **Lernkartei** ist ein gutes Hilfsmittel, Sie können dafür Zettel oder
Karteikarten verwenden. Auf deren eine Seite schreiben Sie die Frage, auf
die Rückseite die Antwort, die Begriffsdefinition, die Formel oder Vokabel.
Zur Ablage benutzen Sie drei Kästchen oder einen Kasten mit Unterteil-
lungen. Die Karten mit den Antworten, an die Sie sich erinnern, legen Sie
in ein Fach, in das andere diejenigen, die Sie schon gelernt haben, aber
nicht rekapitulieren konnten, und das dritte Fach enthält die Karten mit
den Antworten, die Sie noch lernen müssen. Sie können sich eine Lernkartei auch auf dem PC installieren.

Tipps zum besseren Behalten:

- Der Lernstoff muss gut organisiert sein.
- Halten Sie Ihr Interesse an den Lerninhalten wach: Was Sie interes-
  siert, merken Sie sich leichter!
- Bearbeiten Sie die Informationen über verschiedene Lernwege:
  Lesen Sie, erhöhen Sie den Behaltenswert durch farbige Markie-
  rungen, Erinnerungsbilder, lautes Sprechen, Visualisierungen. In-
  formationen, die mehrfach kodiert sind, werden zuverlässiger er-
  innert.
- Verankern Sie Lerninhalte, indem Sie sie mit bestimmten Bewegun-
  gen verbinden.
- Nutzen Sie die Möglichkeit von Analogiebildungen, um sich neue
  Inhalte einzuprägen.
- Wechseln Sie Lernorte, je nach Fach: Verschiedene Lernorte können
  als Abrufreize dienen, die die Erinnerungsleistung verbessern.

- Probieren Sie Memorierungstechniken aus. Beispielsweise hat sich der Trick bewährt, einzelne Lerninhalte mit verschiedenen Orten im eigenen Zimmer zu verbinden: Platzieren Sie die Lernkarten, deren Inhalt Sie sich nicht merken können, an Ihrer Grünpflanze, an der Schreibtischlampe, am Fenster, Bild usw. Dann müssen Sie lernen, wo sich die Antworten befinden (und diese dabei wiederholen). Wenn Sie die Informationen abrufen müssen, suchen Sie im Geiste den Ort in Ihrem Zimmer auf und „lesen" die Antwort.
- Verbinden Sie den Lernstoff und das Lernziel mit positiven Emotionen, zum Beispiel, wenn Sie in Entspannungsphasen vor dem Lernen Musik hören.
- Begrenzen Sie die Lernzeit. Arbeiten Sie mit Zeitspannen, die Sie weder schrecken noch überfordern. Achten Sie auf Wiederholungen und Pausen beim Lernen.

Gedächtnislernen ist nicht für jeden Lernstoff die geeignete Methode, ihn sicher wiedergeben zu können. Manchmal erinnert man Dinge besser, wenn man Sie nutzt. Sprechen Sie mit anderen über die Ideen eines Textes, die sie lernen wollen, wenden Sie zu Lernendes auf Problemfelder an, so können Sie die Wissensinhalte in andere Kontexte stellen und neue Gedankenstrukturen aufbauen. Wenn Sie sich auf eine Klausur oder ein Prüfungsgespräch vorbereiten, lassen Sie sich abfragen oder stellen Sie sich selbst Fragen zum Lerninhalt. Überprüfen Sie Ihre Antworten mit Ihren Aufzeichnungen, dann können Sie sicher sein, dass die Information „sitzt".

kurz und knapp

Lernen ist mehr als das Abspeichern von Fakten und sollte abhängig vom Lernziel unterschiedlich gestaltet werden. Je besser Sie die inhaltlichen Grundlagen Ihres Faches gelernt haben, umso leichter können Sie neue Lerninformationen und aufbauende Wissensinhalte verarbeiten. Die Qualität und der Bestand von Ankerideen im Bereich des spezifischen Wissens sind entscheidend. Neue Informationen müssen Sie sinnvoll unterscheiden und kategorial erfassen können, damit sich Ihr Wissen erweitert und die neuen Erkenntnisse behalten werden.

2.6 Texte verfassen

In diesem Abschnitt werden grundlegende Hinweise für das Verfassen wissenschaftlicher Texte gegeben, allerdings wird nicht auf die verschiedenen Anforderungen unterschiedlicher Textarten eingegangen.

Ein Text entsteht in einem Prozess, der sich aus mehreren Tätigkeiten zusammensetzt: Sie müssen Einfälle ordnen und in eine Struktur bringen, Sie stellen Ideen anderer dar und formulieren dazu eigene Gedanken. Inhaltlich führen Sie (Ihre Leser/innen) in ein Thema ein, entwickeln eine Fragestellung und stellen aus dieser Perspektive den Sachverhalt dar, analysieren, interpretieren oder lösen das aufgeworfene Problem. Dabei soll eine Absicht erkennbar werden, die das Interesse der Leser weckt, Ihren Gedanken zu folgen.

Das Aufwerfen von Fragen, das Herausarbeiten von Sachverhalten geschieht immer mit Rückbezug zum bereits Formulierten, Thesen, Beispiele, Argumente sind dabei klar zu trennen. **Sie positionieren sich durch die Auswahl der Literatur, auf die Sie sich stützen, und vor allem dadurch wie Sie diese moderieren und in Beziehung zueinander setzen.** Darüber hinausgehende eigene Meinungen und Bewertungen müssen Sie eindeutig erkennbar machen. Der Text sollte einem Gesamt-Konzept folgen und sich in einzelne Argumentationsschritte gliedern.

Grundregeln für das Schreiben im Studium:

- Schreiben Sie zunächst Ihre eigenen Gedanken zum Thema auf, bevor Sie recherchieren, die Literatur lesen und auswerten. Dies sichert Ihren persönlichen Zugang, auch wenn Sie Ihre ursprünglichen Ansichten im Verlauf der Arbeit weitgehend revidieren.
- Schreiben Sie nicht erst, wenn Sie die Literatur gelesen haben, sondern werten Sie diese jeweils schreibend aus, nach den Gesichtspunkten, die Sie zur Darstellung Ihres Themas, zur Entwicklung Ihrer Fragestellung und zur Erarbeitung Ihrer Argumentation benötigen.
- Entwerfen Sie immer wieder Skizzen der gesamten Arbeit, die dem aktuellen Stand Ihres Verständnisses entsprechen und entscheiden Sie sich möglichst schnell für eine Fokussierung des Themas, eine Perspektive, nach der Sie den Themenbereich untersuchen wollen.
- Orientieren Sie Ihre Recherche zunehmend enger an Ihrer Fragestellung oder leitenden These.

- Entwerfen Sie eine Gliederung, nach der Sie Ihre Gedanken darstellen wollen. Bleiben Sie aber flexibel, denn beim Erarbeiten des Textes werden Sie wahrscheinlich einige Gliederungspunkte weglassen, andere hinzufügen oder umstellen.
- Schreiben Sie Einleitung und Schluss, wenn Sie den Rohtext überarbeiten. Zu diesem Zeitpunkt sollten Sie auch die Überleitungen der einzelnen Kapitel verfassen, um den „roten Faden" deutlich herauszuarbeiten.

Die eigentliche Textproduktion erfolgt in Teilschritten, jeweils in einem **Prozess von der Idee zur Formulierung.** Gehen Sie von einem Punkt Ihrer Gliederung aus, einem Stichwort, über das Sie schreiben oder an dem Sie Ihre Schreibarbeit fortsetzen wollen und gehen Sie so vor:

Brainstorming: Zunächst sammeln Sie Assoziationen und spontane Einfälle zu dem gewählten Ausgangspunkt, den Sie in Text umsetzen wollen. Schreiben Sie auf ein Blatt Papier, so wie sie Ihnen einfallen, einzelne Worte, Satzteile, Schemata, Bilder. Dabei können Sie kreative Methoden wie *Clustern* einsetzen, die das Sammeln von Einfällen und Schreibimpulsen unterstützen.

Strukturieren: Aus den Assoziationen und Einfällen arbeiten Sie thematische Aspekte heraus, formulieren Fragen, denen ihre Argumentation folgen könnte. Welche Einfälle gehören zusammen, wie lassen sie sich ordnen? Was sind die wesentlichen Aussagen, die Sie darstellen möchten? Was ist Kern, was Beiwerk, was wird vorerst zurückgestellt, was kann wegfallen, gibt es anschauliche Beispiele? Bei diesem Arbeitsschritt treffen Sie eingrenzende Entscheidungen.

Gliedern: Das, was Sie darstellen möchten, bringen Sie in eine sinnvolle Reihenfolge. Gruppieren Sie die Themen, die Sie als wesentlich ausgewählt haben und überlegen Sie, welche Stichpunkte Sie anderen unterordnen können. So entsteht schrittweise ein Gedankengerüst.

Formulieren: Lassen Sie Ihren Blick darüber schweifen und formulieren Sie möglichst zu jedem Punkt Ihres Stichwortzettels zumindest einen Satz. Schreiben Sie schnell und üben Sie keine Selbstkritik, ordnen Sie die Ausdrucksweise der Idee unter, nicht umgekehrt. Es ist unwichtig, ob Sie Ihre Ideen im Fachjargon oder in einer persönlichen Sprache formulieren. Versuchen Sie im Fluss Ihrer Ideen zu bleiben und Ihren Einfällen zu folgen. Wenn Ihnen ein Begriff nicht einfällt, fahren Sie mit dem Schreiben fort, die Lücke können Sie später füllen. Unterbrechen Sie sich nicht durch kontrollierendes Nachlesen, arbeiten Sie die Punkte Ihrer Gedankenskizze ab.

Überarbeiten: Gehen Sie nach einer Pause (in der Sie sich bewegen sollten), diesen Rohtext durch und überarbeiten Sie ihn zügig. Verbessern Sie alles, was Ihnen auf Anhieb auffällt und ergänzen Sie spontane Einfälle. Danach, oder an einem anderen Tag, je nachdem wie frisch Sie sich fühlen, nehmen Sie sich den nächsten Stichpunkt vor.

Wenn Sie ein ganzes Kapitel Ihrer Arbeit auf diese Weise fertig gestellt haben, sollten Sie es noch einmal überarbeiten. Überprüfen Sie, ob es Ihnen gelungen ist, das Wesentliche auszudrücken. Was weiß Ihr Leser bereits, was soll er in diesem Kapitel erfahren? Stimmt die Argumentation? Brauchen Sie weitere Belege oder Beispiele, um den Text abzusichern oder zu präzisieren? Überarbeiten Sie den Text begrifflich, stilistisch und grammatikalisch in mehreren Durchgängen. Holen Sie die Rückmeldungen von anderen ein.

Tipp

Wann immer Sie sich blockiert fühlen, gehen Sie einen Arbeitsschritt zurück und treffen Sie Entscheidungen: bezüglich der Eingrenzung des Themas sowie der Fragestellung, überprüfen Sie die Arbeitsgliederung und gehen Sie wie oben beschrieben vor, Schritt für Schritt.

Einleitung und Schluss sollten Sie schreiben, wenn nach dem oben erläuterten Vorgehen **eine Rohfassung Ihres Textes entstanden ist.** Sehen Sie den Text noch einmal durch, prüfen Sie die Gewichtungen der einzelnen Kapitel und korrigieren Sie durch Ergänzungen oder Streichungen. Nehmen Sie sich Zeit für das Formulieren der Kapitelübergänge. Es hat sich bewährt, die Arbeit für eine letzte Korrektur hinsichtlich Orthographie, Grammatik und Formatierung noch einmal von jemand anderem lesen zu lassen. Zur formalen Gestaltung Ihres Textes und für die richtige Zitierweise der benutzten Literatur sollten Sie die Vorgaben an Ihrem Fachbereich berücksichtigen.

kurz und knapp

Ein Text entsteht in mehreren Fassungen, in der Überarbeitung von Entwürfen und „Rohtexten". Gerät der Schreibprozess ins Stocken, hat das oft den Grund, dass man ohne Konzept und Strukturierung des Themas „drauflos" formuliert, keine klare Fragestellung hat, die dem Text eine Richtung gibt, und die Orientierung verliert. Es kann auch daran liegen, dass man die Literatur nicht spezifisch ausgewertet oder kommentiert hat. Wissenschaftliches Schreiben lässt sich lernen, Ihr nächster Versuch gelingt besser!

2.7 In Gruppen arbeiten

An der Universität zu studieren, bedeutet, einen großen Teil der Arbeit selbständig zu organisieren. Das heißt aber nicht, dass man allein vor sich hinarbeitet. Viele Studierende schätzen Arbeitsgruppen, um sich mit anderen über Fachinhalte und handwerkliche Probleme auszutauschen.

In Lerngruppen trainieren Sie wichtige überfachliche Qualifikationen: Sie üben sich darin, komplexe Inhalte verständlich auszudrücken, Ihr Wissen zu präsentieren und mit anderen zu diskutieren. Sie lernen, zu fachlichen Themen eigene Ideen zu äußern und eigene Standpunkte zu vertreten. Da in Arbeitsgruppen der Konkurrenzdruck meist keine Rolle spielt, muss man sich nicht profilieren und kann offen mit Unsicherheiten umgehen. Sie können sich gegenseitig stützen und Ihr Selbstbewusstsein stärken, indem Sie sich aktiv beteiligen. Lernen im Team ist eine aktive, effiziente Arbeitsform: Sie bereiten sich auf das Gruppentreffen vor, erarbeiten gemeinsam Lerninhalte, besprechen Themen und korrigieren Missverständnisse.

Die Gruppenarbeit erleichtert Lernprozesse. Es ist handelndes Lernen, und spricht gleichzeitig mehrere Sinneskanäle an. Der multisensorische Zugang führt zu einer nachhaltigen Verankerung des Erlernten.

Wenn Gruppenteilnehmer wenig Zeit haben, lassen sich Möglichkeiten der virtuellen Zusammenarbeit via Internet nutzen. Viele Universitäten haben Lernplattformen installiert, über die man bequem Diskussionen in Internetforen oder Blogs führen kann. Bei der Einrichtung von Foren sollten Sie darauf achten, dass nur der kleine Kreis der Arbeitsgruppe Zugang hat. Der Vorzug eines Forums liegt darin, dass Inhalte dauerhaft zur Verfügung stehen, denn man kann immer wieder Beiträge nachlesen. Das Forum lässt sich dafür nutzen, *Arbeitsjournale* und *Lerntagebücher* zu führen und von anderen Gruppenmitgliedern kommentieren zu lassen.

Viele Plattformen bieten Tools für die Einrichtung von Chats und Application Sharing. Gruppenchats eignen sich hervorragend für schnelle Absprachen und als Ersatz für reale Treffen. Unabhängig davon, ob Sie internetbasierte Tools benutzen wollen oder nicht, **der Erfolg einer Arbeitsgruppe hängt von einer sorgfältigen Planung und einer eindeutigen Zielsetzung ab.** Das schafft Transparenz, richtet die Aufmerksamkeit und fördert die Lernbereitschaft. Legen Sie gemeinsam Bedingungen fest, auf die sich alle einlassen können. In welchem Rhythmus Sie sich treffen, hängt natürlich eng mit den Zielen einer Arbeitsgruppe zusammen. Wenn Sie sich beispielsweise vorgenommen haben, die umfassende Literatur zu einem Seminar gemeinsam vorzubereiten, vor den Sitzungen zu diskutieren und außerdem gemeinsam auf die Abschlussklausur hinarbeiten wollen, müssen Sie regelmäßig zusammenkommen. Grundsätzlich sollten Sie sich in den Abständen zusammenfinden, in denen die jeweiligen Arbeitsziele realistisch bewältigt werden können.

Pünktlichkeit ist neben Zuverlässigkeit ein Kennzeichen gut funktionierender Arbeitsgruppen. Ebenso bindend sollten Absprachen über die Form des Zusammenarbeitens sein. Wie sollen sich die Einzelnen auf die Sitzung vorbereiten? Gibt es Texte, die alle lesen sollen, oder teilen Sie die Literatur auf? Wenn man sich gemeinsam Wissen über ein umfassendes Thema aneignen will, kann man die Arbeit aufteilen. Jede/r bereitet sich auf einen anderen Text vor, schreibt eine Zusammenfassung oder erstellt eine schematische Übersicht. Die jeweiligen Schwerpunkte werden dann in der Sitzung vorgetragen.

Eine andere Form der Teamarbeit könnte darin liegen, dass ein Thema von allen vorbereitet wird, sich jedoch jeder beim Protokollieren der Diskussion auf einen bestimmten Schwerpunkt konzentriert. Oder Sie verabreden, dass Sie reihum die Seminarsitzungen protokollieren, vielleicht einige Punkte ausarbeiten und das Material dann den anderen Gruppenmitgliedern zur Verfügung stellen. Sie bekommen damit im Laufe der Zusammenarbeit eine kommentierte Mitschrift des Seminars oder Ihrer Diskussionen und eine gute Stoffsammlung für die Vorbereitung auf die Abschlussklausur.

Wenn das Ziel der Arbeitsgruppe darin besteht, sich gegenseitig bei der Anfertigung einer schriftlichen Hausarbeit zu unterstützen, dann ist die Zusammenarbeit so zu organisieren, dass Sie sich regelmäßig über die Arbeitsfortschritte austauschen. Die Gespräche werden Ihnen helfen, das Thema einzugrenzen, eine Fragestellung zu entwickeln und über Formulierungsunsicherheiten hinwegzukommen.

In Arbeitsgruppen wird vor allem diskutiert. Es lohnt sich, dabei auf allgemeine Regeln fairer Gesprächsführung zu achten. Gehen Sie kritisch, aber anerkennend miteinander um, und üben Sie sich in konstruktiver Rückmeldung. Stellen Sie Fragen, an denen Sie interessiert sind oder solche, die helfen, ein Thema zu vertiefen. Verstecken Sie Ihre Meinung nicht, aber verzichten Sie auf indirekte, unsachliche oder abwertende Kommentare. Unter der folgenden Internetadresse finden Sie Hinweise, wie Sie Gruppenarbeit organisieren und die Zusammenarbeit erfolgversprechend gestalten können:

http://www.fu-berlin.de/studienberatung/e-learning/lernmodule/studienverlauf/index.html

Checkliste für erfolgreiche Lerngruppen:

- Was ist das Arbeitsziel?
- Welchen Gruppenvorteil wollen Sie nutzen?
- Wie oft und wie regelmäßig wollen Sie sich in welchem Zeitraum treffen?
- Wie lange sollen die Arbeitssitzungen dauern?
- Wo werden Sie sich treffen?
- Wie wollen Sie arbeiten?
- Wie sollen die Gruppensitzungen ablaufen?
- Wollen Sie sich jeweils auf die Treffen vorbereiten?
- Soll die Arbeit protokolliert werden?
- Wollen Sie über Internetanwendungen zusammen kommunizieren?
- Zu welchem Zweck und in welcher Häufigkeit?
- Besitzen alle die notwendigen technischen Voraussetzungen?
- Wer benötigt technische Hilfestellung, und wer kann sie geben?

Wenn Sie schlechte Erfahrung mit Gruppenarbeit gemacht haben, überlegen Sie, an welchen Bedingungen es gelegen hat und überprüfen Sie Ihre Vorbehalte. Auch wenn Sie mit dem Lernen gut zurechtkommen, nutzen Sie Arbeitsgruppen, um Ihre sozialen Kompetenzen auszubauen. Die Fähigkeit, in Gruppen produktiv zu arbeiten, gehört dazu.

kurz und knapp

Natürlich müssen Sie selbst lernen, aber eine gut organisierte Gruppe wird Ihr Studium inhaltlich und methodisch bereichern. Sich mit anderen über Fachinhalte und Arbeitstechniken auseinanderzusetzen, professionalisiert. Gute Gruppenarbeit macht Spaß, dadurch wird das Aufnehmen und Behalten wesentlich verbessert.

2.8 Lernbedingungen gut gestalten

Durch eine bewusste Gestaltung der Arbeitsbedingungen und der Arbeitsumgebung können Sie Ihre Arbeitsmotivation und Lernerfolg beeinflussen. **Positive Gefühle erleichtern Lernen und steigern die Effizienz von Arbeitsprozessen.**

Jeder muss für sich selbst experimentieren und herausfinden, was für ihn/sie jeweils die optimale Lerntechnik ist – und auch die, die am meisten

Spaß macht. Nutzen Sie also die Schwerpunkte, die Ihnen liegen – bereiten Sie das Material so auf, dass es Ihrem Lerntypus entgegenkommt. Gestalten Sie Ihre Lernbedingungen!

> **Tipp**
>
> Bemühen Sie sich auch beim Lernen um eine proaktive, handlungsorientierte Grundeinstellung. Richten Sie Ihre Aufmerksamkeit bewusst auf eigene Vorhaben und gewünschte Lerninhalte aus. Wählen Sie geeignete Arbeitstechniken und organisieren Sie Ihr Arbeitsumfeld nach Ihren Bedürfnissen. Sie verbessern dadurch Ihre Stimmung, stärken Motivation und Zuversicht und erleben sich verantwortlicher für Ihren Arbeitsprozess.

Nicht nur bei der Wahl von inhaltlichen Schwerpunkten und Arbeitsmethoden, auch in der Gestaltung der äußeren Arbeitsbedingungen können Sie viel tun, um auf Motivation und Stimmung günstig einzuwirken. Das selbständige Arbeiten am **Schreibtisch** macht einen wesentlichen Teil des Studierens aus, und anders als bei den Tätigkeiten in Seminaren, im Labor oder in den Praktika können Sie selbst bestimmen, wann, wo und wie Sie dies erledigen. Unabhängig von persönlichen Vorlieben gibt es für akademisches Arbeiten Umstände, die als eher förderlich oder aber hinderlich gelten. Am Schreibtisch lesen Sie, analysieren Sie Texte, produzieren Sie eigene, prägen sich Vokabeln, Formeln oder Definitionen ein. Wo immer Ihr bevorzugter Tisch steht, ob in Ihrem Zimmer oder in einer Bibliothek, sollte es ein Platz sein, an dem Ihnen die notwendigen Unterlagen zur Verfügung stehen und Sie vor Unterbrechungen und Ablenkungen geschützt sind. Manchen ist der Arbeitsplatz im eigenen Zimmer zwar angenehmer, aber der Arbeitsprozess wird viel häufiger durch andere Tätigkeiten unterbrochen und von Außenreizen gestört als im Bibliothekssaal. Dort fühlen sich viele auch weniger vom Leben abgeschnitten als allein an ihrem Schreibtisch zu Hause.

Nicht alle empfinden die Ruhe in der Bibliothek als hilfreich und die Anwesenheit anderer als motivierend. Sie beobachten Ihre lesenden und schreibenden Kommiliton/innen, fühlen sich durch deren Anblick abgelenkt und beunruhigt, eben weil sie selbst gerade nicht so vertieft in ihr Lernmaterial sind.

Ein fester Arbeitsplatz hat sich nach vielen Berichten als günstig erwiesen, weil es **hilft, konstante Arbeitsgewohnheiten zu entwickeln.** Nützlich ist es, wenn man sich einen Arbeitsplatz einrichten kann, der nur für Ihre Studienarbeiten reserviert ist und den Sie nicht mit anderen teilen müssen. Es gibt aber auch Menschen, die sich dann gut konzentrieren können, wenn sie auf sehr beschränktem Raum und ohne viele Hilfsmittel allein mit sich und Ihrer Arbeit auskommen müssen. Schon manche schriftliche Ausarbeitungen, auch Qualifizierungsarbeiten, sind aus diesem Grund im Zug geschrieben worden. Sicher kein Tipp für jeden, aber ein Beweis, dass es lohnt, sich die Bedingungen zu organisieren, die einen unterstützen, die gesetzten Vorhaben zu realisieren und Ablenkungen auszuschalten.

Den häuslichen Arbeitsplatz sollten Sie so einrichten, dass Sie den Ort als grundsätzlich angenehm erleben. Dinge, die Ihnen lieb sind, Fotos oder Urlaubserinnerungen, verschaffen eine angenehme Arbeitsatmosphäre. Achten Sie darauf, dass Stuhl- und Tischmaße Ihrer Körpergröße angemessen sind, und wenn der Stuhl eine stabile und federnde Rückenunterstützung besitzt, ist dies von Vorteil. Die Arbeitsfläche des Tisches sollte Platz für die benötigten Unterlagen bieten und vor Arbeitsbeginn von allen ablenkenden Gegenständen geräumt sein. Ein Regal mit Ablagemöglichkeiten und eine Pinnwand für wichtige Hinweise vervollkommnen Ihren Arbeitsplatz.

Im Studium arbeiten Sie viel am **Computer**: Sie legen sich Dateien an, in denen Sie Ihre Notizen archivieren, Sie lesen Seminarunterlagen, kommunizieren über die Diskussionsforen einzelner Lehrveranstaltungen, posten Beiträge oder bearbeiten Aufgaben. Sie nutzen den PC aber auch in Ihrer Freizeit und zum Austausch mit Freundinnen und Freunden. Es verlangt Selbstdisziplin, die Funktionen zu trennen, aber es fördert die Konzentration und die Effektivität Ihres Arbeitens ungemein, wenn Sie nicht bemerken, ob Sie gerade eine E-Mail erhalten haben oder Ihr Freund online ist. **Benutzen Sie immer nur die Funktionen Ihres PC, die Sie für die Arbeit, die Sie sich gerade vorgenommen haben, auch wirklich benötigen.**

Je nach Ihrer Art, bearbeitete Literatur zu dokumentieren, brauchen Sie entsprechende **Ordnungssysteme**. Besonders, wenn Sie jemand sind, der sich beim Lernen Notizen und Skizzen anfertigt, der Mitschriften in Vorlesungen macht und die gelesene Literatur kommentiert, brauchen Sie ein funktionierendes System, das Ihnen übersichtlich einen schnellen Zugriff ermöglicht. Hier leisten Ordner, Organisationsmappen oder Hängeregistraturen gute Dienste. Notizen, Kopien, Zeitungsausschnitte und Exzerpte, alles, was Sie zu einem bestimmten Themenaspekt gesammelt haben, wird einem Schlagwort zugeordnet und in einen entsprechend unterteilten Ordner oder eine beschriftete Mappe gelegt. Wichtig ist dabei, dass Sie deutlich die Quelle vermerken. Wenn Sie außerdem noch mit Karteikarten arbeiten, sollten Sie für die Schlagwörter das gleiche Ordnungsprinzip wählen. Die Beschriftung erfolgt bei der Hängeregistratur durch Reiter, die Unterteilung innerhalb der Mappe durch Klarsichtfolien oder Umschläge.

Sie müssen selbst herausfinden, zu welcher **Tageszeit** Sie besonders konzentriert und effektiv arbeiten können. Wie viel Spielraum zur eigenen Gestaltung bleibt, hängt natürlich von den Zeiten ab, zu denen Sie in Seminaren, Vorlesungen, im Labor oder an einem anderen Arbeitsort präsent sein müssen. Wenn es Ihnen möglich ist, sollten Sie sich feste Zeiten am Schreibtisch einrichten, regelmäßige Zeitblöcke von zwei bis vier Stunden wären perfekt. Da die Konzentrationsfähigkeit nicht über solche Zeitspannen hinweg gleich sein kann, sollten Sie Pausen einlegen. Ausführlicher können Sie darüber im dritten Kapitel lesen.

Zum Arbeiten brauchen Sie gute **Lichtverhältnisse**: Hintergrundbeleuchtung und Arbeitsplatzbeleuchtung sollten nicht stark voneinander abweichen, ein weiches diffuses Licht gilt auch für viel PC-Arbeit als optimal. Ein zu großer Kontrast zwischen dem Licht auf Ihrem Schreibtisch und dem umgebenden Raum ermüdet die Augen.

Natürlich sollte der **Geräuschpegel** nicht störend laut sein. Doch bei monotoner Arbeit kann Musik motivierend wirken. Manche Menschen können sich bei angenehmer Musik gut konzentrieren, vor allem, wenn die Musik als eine Schallbarriere dient. Inwieweit die entspannende Funktion von Musik auch Behaltensleistung fördert, muss man individuell ausprobieren. Ungünstig für intellektuelles Arbeiten sind allerdings ein ständig wechselnder Lärmpegel und hohe Frequenzen, beides setzt Aufmerksamkeit und Merkfähigkeit herab.

Der Arbeitsraum sollte weder zu kalt noch zu warm (am besten zwischen 18 und 20 Grad) und gut durchlüftet sein. Wenn Sie bei diesen Raumtemperaturen zu frieren beginnen, sollten Sie eine Pause machen und sich bewegen.

Das **körperliche Wohlbefinden** ist selbstverständlich ein entscheidender Faktor für die Arbeitsfähigkeit und hat Einfluss auf ein angemessenes Verhältnis von Einsatz und Erfolg. Sie müssen auf Ernährung und Fitness achten. „Voller Bauch studiert nicht gern", der Spruch ist wahr, das Gegenteil ist aber nicht besser. Auch mit Hungergefühlen erschweren Sie sich konzentriertes Arbeiten. Deshalb: regelmäßig leichte Mahlzeiten (lieber häufiger wenig essen als seltener viel). Dass man genügend trinken sollte ist bekannt, wenig süße Getränke, Kaffee, Tee und ausreichend Wasser sind bewährt. Natürlich können Sie konzentrierter arbeiten, besser denken und effizienter lernen, wenn Sie ausgeschlafen sind. Bauen Sie in Ihren Stundenplan auch Zeitfenster für Sport und Bewegung ein.

kurz und knapp

Die richtigen Entscheidungen in Bezug auf die Gestaltung Ihrer Lernprozesse treffen Sie auf der Basis Ihrer Erfahrungen. Die Hinweise, die Sie hier lesen konnten, sollen Sie anspornen, Ihr Wissen über Arbeitstechniken bewusster und konsequenter anzuwenden. Es geht weniger darum, dass Sie sofort neue Anregungen aufgreifen, sondern vielmehr darum, dass Sie aufmerksam gegenüber Ihren Arbeitsgewohnheiten werden und gezielt nach methodischen Alternativen suchen, falls Sie mit Ihrer Arbeitsweise unzufrieden sind. Wichtig ist, die Bereitschaft, dynamisch und positiv auf Herausforderungen zu reagieren.
Wenn Sie festgestellt haben, dass Sie Defizite in Ihren Arbeitstechniken besitzen, dann treffen Sie eine Entscheidung, wann und wie Sie damit beginnen, diese Lücken zu schließen.

Was nehme ich mir vor?
In diesem Kapitel wurden grundlegende Arbeitsweisen beschrieben. Fühlen Sie sich in den für Ihr Studium erforderlichen Techniken sicher? Wenn Sie sich mit einzelnen Arbeitsmethoden ausführlicher beschäftigen wollen, finden Sie am Ende des Buchs Literaturhinweise.

3. Zeit und Arbeit einteilen

Die Studienzeit bedingt ganz eigene Zeit- und Lebensrhythmen, d.h. man muss sowohl mit Freiräumen wie auch mit Endlichkeiten umzugehen lernen. Es gibt zum einen den Wechsel zwischen Semesterbetrieb und vorlesungsfreier Zeit. Zum anderen ist relativ viel Arbeitszeit autonom zu organisieren, aber auch immer sind bindende Fristen zu akzeptieren. Man hat über lange Zeitspannen das Gefühl, jederzeit alles (noch) erledigen zu können und gerät dann doch leicht in erheblichen Stress unter dem Eindruck, alles gleichzeitig bewältigen zu müssen. Zeiteinteilung verlangt planerisches Geschick: Aber Sie entgehen einerseits der Gefahr, sich in der Menge der Möglichkeiten zu verlieren, und können andererseits Leistungen in einer von Ihnen gewählten Zeit erbringen, damit Erholung, Freizeit, Entspannung nicht zu kurz kommen.

Der Vorteil von Planung wird von Studierenden **oft unterschätzt,** denn sie fürchten, sich dadurch in rigide Strukturen einzubinden und sich (willkürlichen) Einteilungen unterwerfen zu müssen. Doch das ist ein Vorurteil: Planung bedeutet, Entscheidungsspielräume zu schaffen und Überschaubarkeit herzustellen. Wenn Sie sich mit den nachfolgenden Grundregeln der Zeit- und Arbeitsplanung auseinandersetzen wollen, dann gehen Sie davon aus, dass nicht der Plan Sie bestimmen soll, sondern vielmehr Sie einen Plan aufstellen, der Ihnen in Ihren alltäglichen Handlungen Orientierungshilfe sein kann. Vielleicht sind es nur kleine Verschiebungen, neue Akzente, die Ihnen helfen werden, sich in Ihrem Alltagsverhalten gut zu fühlen. Durch gute Zeitplanung können Sie emotionalen Stress vermeiden, der entweder durch das unterschwellige Unbehagen entsteht, Wichtiges zu verpassen, oder durch ein ständiges Sich-getrieben-Fühlen von unrealistischen Ansprüchen.

Wie genau geplant werden soll, ist individuell verschieden. Manche haben Spaß an sehr detaillierten Plänen, können sich in strukturierten

Abläufen entspannt bewegen, andere macht genau das nervös, sie brauchen unstrukturierte Zeitfenster, Spielräume, die sie flexibel gestalten können. Zeit- und Selbstmanagement hilft beiden, wenn sie ihre Verschiedenheit bei der Planung berücksichtigen. Entscheidend ist, dass man den Umgang mit der Zeit mit dem richtigen Einsatz der anderen persönlich verfügbaren Ressourcen verbindet. In diesem Kapitel werden Sie Grundsätzliches über Zeit- und Arbeitspläne erfahren. Probieren Sie Vorgehensweisen aus, die Ihrer Situation und Ihrer Grundeinstellung entsprechen.

3.1 Prinzipien des Zeitmanagements

Zeit vergeht immer gleich schnell, ganz unabhängig davon, was wir tun. Deshalb versprechen wir uns, durch die Kunst des Zeitmanagements die Zeit besser nutzen zu können. Damit ist die Hoffnung verbunden, mehr in der verfügbaren Zeit erledigen zu können, zumindest all das, was wirklich wichtig ist. Wie kann das funktionieren?

Zeitmanagement verhilft zu einer Einschätzung darüber, ob die Vorhaben, die in einer bestimmten Zeit erledigt oder erlebt werden sollen, allein vom benötigten Zeitaufwand her realistisch sind – mehr nicht. **Zeit lässt sich nicht einsparen**, Sie können sich aber für die verfügbare Zeit angemessene Ziele setzen, vielleicht lernen, manches konzentrierter durchzuführen, oder verlernen, sich die Zeit stehlen zu lassen.

Ausgangspunkt ist Ihr gewohnter Umgang mit der Zeit!
In Kapitel 1.2 finden Sie Vorschläge, auf welche Weise Sie sich einen Überblick verschaffen können, wie Sie normalerweise Ihre Zeit verbringen: Welche Anteile widmen Sie Haushaltsorganisation, Vorlesungen und Seminaren, Eigenstudium, Sport, Freizeit, kulturellen Unternehmungen usw.?

Umgang mit der Zeit

- Wenn Sie noch keinen Überblick haben, greifen Sie die Empfehlungen auf und gewinnen Sie Einblick in Ihre Tagesgestaltung!
- Führen Sie über einige Tage (am besten zwei Wochen lang) ein Tagesprotokoll. Notieren Sie die Uhrzeit für den Beginn und das Ende jeder Tätigkeit und was Sie jeweils erreicht haben. Kommentieren Sie knapp Arbeitsverlauf und Ergebnis. Dazu können Sie ein *Arbeitsjournal* gut nutzen.

- Beachten Sie besonders die Zeitspannen, die Sie eigenständig einteilen können. Sie erhalten nicht nur wichtige Informationen über Ihre Zeitgestaltung, sondern auch darüber, wie viel Zeit einzelne Tätigkeiten in Anspruch nehmen!

Der Einblick in Ihre Gewohnheiten ermöglicht eine erste Einschätzung über die Effizienz Ihrer Arbeit. Womit sind Sie zufrieden, was möchten Sie ändern?

Formulieren Sie das Arbeitsziel!
Wenn Sie Ihre Arbeitszeit planen wollen, lassen Sie sich von folgenden Fragen leiten:

Benötigten Aufwand einschätzen:

- Welches Ziel möchte ich erreichen?
- Welchen Anforderungen will ich genügen?
- Welche Absprachen muss ich vorbereitend treffen?
- Wie gut sind meine Vorkenntnisse?
- Welche Teilarbeiten sind zu erledigen?

Holen Sie genaue Auskünfte ein! Erst wenn Sie sich gründlich informiert haben, lässt sich der Umfang des Arbeitsprojekts erkennen. Stimmen die Anforderungen mit Ihren Ansprüchen und Möglichkeiten überein? Wenn nicht, formulieren Sie Minimal- und Maximal-Ziele. **Fertigen Sie eine Übersicht an, welche Aufgaben zu bearbeiten sind und bestimmen Sie das gesamte Pensum der anstehenden Arbeit!**

Überlegen Sie, wie Sie die verschiedenen Arbeitsschritte konkret bewältigen können. Stellen Sie verschiedene Listen über die einzelnen Etappen der jeweiligen Arbeit auf. Die Listen sollten möglichst vollständig sein, kürzen oder ergänzen können Sie sie später immer noch, abhängig von der verfügbaren Zeit und Ihren Ansprüchen. Bei einigen Aufgaben werden Sie vielleicht auf bewährte Routinen zurückgreifen können. In andere müssen Sie sich erst einarbeiten oder aber auf langsamere Arbeitsabläufe einstellen, z.B. weil fremdsprachige Literatur zu lesen ist. Falls Sie für Klausuren oder Prüfungen lernen wollen, müssen Sie vermutlich einen Teil des Lernstoffs nur wiederholen, andere Inhalte aber neu erarbeiten. Schrecken Sie vor dieser Selbsteinschätzung nicht zurück, gehen Sie selbstkritisch mit sich um.

Es ist günstig, die Teilziele so konkret wie möglich zu definieren, damit Sie genau wissen, was zu tun ist bzw. worin das Ergebnis des Arbeitsschrittes liegen soll.

Übung

Wenn Sie in nächster Zeit ein Referat halten müssen, stehen Sie vor folgenden Aufgaben:
1. Welche Literatur lege ich meinem Vortrag zugrunde?
   Nummerierte Literaturliste anfertigen!
   a. Welche Bücher stehen mir zur Verfügung?
   b. Welche muss ich noch besorgen?
2. Lektüre
   a. Welche Bücher will ich gründlich lesen?
   b. Welche brauche ich nur zu überfliegen (Kernaussagen)?
3. Form des Referats
   a. Ausformulieren?
   b. Power Point?
   c. Handzettel für die Seminarteilnehmer?
4. Vorbereitung des Vortrags
   a. Allein?
   b. Arbeitsgruppe?
5. Vortrag des Referat:
   a. Frei?
   b. Ablesen?
   c. Karteikarten?

Schätzen Sie, wie viel Zeit Sie für die erforderlichen Tätigkeiten benötigen werden!

Es ist ein schwieriges Unterfangen zu veranschlagen, wie viel Zeit für ein geplantes Arbeitsvorhaben anzusetzen ist. Meist wird – aus einem Wunschdenken heraus – die Zeit zu knapp bemessen. Man unterschätzt leicht, wie aufwändig es ist, wissenschaftliche Texte zu bearbeiten, Rechenwege nachzuvollziehen oder die Logik eines Systems von Rechtsvorschriften zu verstehen. Zur Beantwortung dieser Fragen brauchen Sie persönliche Erfahrungswerte. Die im ersten Kapitel empfohlenen *Arbeitsjournale* und Wochenprotokolle sind geeignete Erhebungsmethoden, die Sie vor Fehleinschätzungen schützen und sicherer machen.

Um realistisch planen zu können, müssen Sie den Abfolgen von Teil-
handlungen Rechnung tragen. Wenn Sie eine Hausarbeit schreiben, dann
sollten Sie berücksichtigen, wie viele Seiten Sie pro Tag konzentriert lesen
und bearbeiten können. Wahrscheinlich sind es ungefähr 20 bis 25 Seiten,
jedoch hängt die Größenordnung unmittelbar von Ihren Vorkenntnissen
über das Thema ab. Schreiben können Sie, wenn Sie die Literatur schon
gut durchgearbeitet haben, bei insgesamt vier bis fünf Stunden Arbeitszeit
vermutlich zwei bis drei Seiten. Auch das schwankt in Abhängigkeit von
der Komplexität des Themas und von Ihrer Routine im Schreiben. Zum
Lernen von Vokabeln sollten Sie über eine längere Zeitspanne kürzere
Zeiteinheiten vorsehen.

Legen Sie die Reihenfolge fest, in der Sie die Arbeitsschritte erledigen
wollen und notieren Sie die Zeit, die Sie dafür voraussichtlich investieren
müssen. Da der Zeitaufwand für das geistige Arbeiten meist größer ist als
vermutet, sollten Sie – gerade wenn Sie noch nicht viel Erfahrung haben
– die veranschlagte Zeit erhöhen, sogar verdoppeln.

Um zu kalkulieren, wie viel Zeit die Bewältigung der gesamten Arbeit
beanspruchen wird, orientieren Sie sich an folgenden Fragen und legen
Sie Ihre Erfahrungen zugrunde.

Zeitaufwand schätzen:

- Wie viel Zeit benötigen Sie vermutlich für die einzelnen Arbeitsschritte?
- Wie viele Stunden brauchen Sie für die verschiedenen Texte, die Sie
  einbeziehen wollen? Um wie viele Seiten handelt es sich ungefähr?
  Besitzen die Texte unterschiedliche Schwierigkeitsgrade?
- Wie lange können Sie konzentriert arbeiten? Wie lange lesen, wie
  lange schreiben?
- Wie viel Lernstoff können Sie sich einprägen, wie oft müssen Sie ihn
  wiederholen, bis er sitzt?

Einen Planungsbogen für aufgabenbezogene Arbeitszeiten finden Sie im
Internet: www.utb-mehr-wissen.de.

Legen Sie den Zeitrahmen fest!
Ihren Plan werden Sie am ehesten einhalten können, wenn Sie Ihre Lebensgewohnheiten berücksichtigen. Wie viel Zeit wollen oder müssen Sie
für Ihre Verpflichtungen und Ihre Freizeit reservieren? In welcher Zeit-

spanne wollen Sie das Arbeitsvorhaben bewältigen? Wenn es einen Termin gibt, bis zu dem Sie die Aufgabe gemeistert haben müssen – der Abgabetermin einer wissenschaftlichen Hausarbeit, der Tag, an dem Sie das Referat halten oder eine Prüfung ablegen werden –, zählen Sie genau, wie viele Wochen und Tage es bis dahin sind. Rechnen Sie mit Werktagen, denn Sie sollten zusehen, dass Sie sich die Wochenenden frei halten – mindestens einen Tag.

Besorgen Sie sich einen Jahreskalender, Sie können einen mit Ihrem E-Mailprogramm ausdrucken oder Sie nutzen die Jahresübersicht in Ihrem Kalender bzw. Ihrem Handy. Tragen Sie ein, wann Sie das Ziel erreicht haben wollen und rechnen Sie aus, wie viele Wochen, wie viele Arbeitstage es bis dahin sind.

Sie haben nun einen Überblick, was Sie im Einzelnen arbeiten oder lernen müssen und wie viel Zeit Sie voraussichtlich für die jeweiligen Arbeitsschritte benötigen werden. Erinnern Sie sich daran, welche Arbeitsbedingungen und -zeiten gut für Sie sind! Jetzt haben Sie alle Voraussetzungen, eine differenzierte Planung aufzustellen. Sie müssen aber zunächst klären, ob das von Ihnen festgelegte Arbeitspensum in Ihren Zeitrahmen passt.

Bestimmen Sie Etappenziele!
Sehen Sie auf Ihre Planungsübersicht und die Zeitstrecke, die Sie markiert haben. Verteilen Sie die anstehenden Arbeitsschritte auf die folgenden Wochen bis zu dem Endtermin. **Beginnen Sie mit der Verteilung der einzelnen Arbeitspakete vom Endtermin her.** Planen Sie aber nicht zu knapp und lassen Sie sich zwischen den einzelnen Teilzielen nach Möglichkeit einige Tage offen, um Spielräume für eventuell notwendige Änderungen zu haben.

Tipp

Vergessen Sie bei Ihren Planungen auf keinen Fall Ihre sonstigen Verpflichtungen und Interessen: Ihren Job, eine geplante Reise, ein Familientreffen oder die Tagung, die Sie besuchen möchten. Berücksichtigen Sie auch Ihre Freizeitaktivitäten. Um leistungsfähig zu bleiben und sich bei der Arbeit wohl zu fühlen, ist es wichtig, einen Ausgleich zum Lernen zu haben.

Sie wissen nun, wie viele Arbeitstage und Arbeitsstunden Ihnen für das Arbeitsprogramm tatsächlich zur Verfügung stehen, und Sie bekommen auch eine Vorstellung davon, welches Pensum Sie in den nächsten Wochen erwartet.

Zur Anschaulichkeit ein Beispiel: Für eine Hausarbeit, die Sie im Lauf des Sommersemesters schreiben wollen, haben Sie 20 Wochen Zeit. Sie wollen die Arbeit in der ersten Septemberwoche abgeben, denn dann möchten Sie in den Urlaub fahren und vor Beginn des Wintersemesters noch einen Sprachkurs absolvieren. Die Arbeit soll maximal 25 Seiten umfassen, dafür veranschlagen Sie sechs Wochen. Drei Wochen planen Sie ein für Überarbeitung und die Formulierung von Einleitung und Schlusskapitel. Also müsste das Manuskript des Hauptteils Mitte August fertig sein. Da Sie im Juli auch drei Klausuren zu schreiben haben und sich zumindest zwei Wochen Vorbereitungszeit sichern möchten, legen Sie fest, mit dem Verfassen des Textes und der einhergehenden vertiefenden Bearbeitung der Literatur bereits Mitte Juni zu beginnen. Sie beschließen deshalb, ab der zweiten Maiwoche mit der orientierenden Literaturrecherche einzusteigen und bemühen sich um einen Sprechstundentermin bei Ihrem Dozenten in der letzten Maiwoche. Bis dahin wollen Sie den Themenbereich überschauen und eine Literaturliste ausarbeiten sowie einen Vorschlag für die Fragestellung einreichen. Sie haben dann noch Spielraum, falls in Folge des Gesprächs wesentliche Änderungen in der Konzeption der Arbeit erforderlich würden. Die Feinheiten, beispielsweise welche Literatur Sie wann mit welchem Ziel bearbeiten, können Sie noch nicht genau festlegen. Der grobe Plan gibt Ihnen aber die Sicherheit, dass Sie das Studienziel erreichen können und wesentliche Arbeitsschritte berücksichtigt sind. Sie haben Zeit vorgesehen, vor dem Gespräch mit dem Dozenten ein erstes Exposé zu entwerfen und Sie planen Zeit ein, Ihren Text zu überarbeiten, um ihn nicht unkorrigiert abgeben zu müssen.

Nachdem Sie den Zeitrahmen festgelegt haben, müssen Sie noch einmal überprüfen, ob der entworfene Fahrplan auch realistisch ist und Sie das geplante Arbeitspensum durchhalten können. Welche Konsequenzen hat das Arbeitsprogramm für andere Lebensbereiche? Wie sicher können Sie angesichts anderer Aufgaben (Referate, Klausuren, Projektbericht), weiterer Ziele (Segelschein) und Verpflichtungen (jeden zweiten Samstag Lohnarbeit) sein, das Vorhaben zu realisieren? Wenn Sie unsicher sind, sollten Sie Ihre Entscheidungen noch einmal sorgfältig prüfen.

Wenn Sie die grobe Planung noch einmal durchgegangen sind, kommt die Feinarbeit der Wochenplanung. Wie sieht konkret die folgende Woche aus?

	Montag	Dienstag	Mittwoch	Donnerstag	Freitag	Samstag	Sonntag
7:00							
8:00		Uni					
9:00		Uni	Uni		Zahnarzt		
10:00	Uni		Uni				
11:00	Uni	Uni	Uni	Uni	Lernen	Einkauf und Haushalt	
12:00	Uni	Uni		Uni	Lernen	Einkauf und Haushalt	
13:00	Uni	Uni		Uni		Einkauf und Haushalt	
14:00							
15:00			JOB				
16:00			JOB				
17:00	Uni	Arbeitsgruppe	JOB	Lernen	Lernen		Geburtstag Bianca (Picknick)
18:00	Uni	Arbeitsgruppe	JOB	Lernen			Geburtstag Bianca (Picknick)
19:00			JOB				Geburtstag Bianca (Picknick)
20:00							
21:00	WG-Essen	Badminton			Kino mit Freunden		
22:00	WG-Essen	Badminton			Kino mit Freunden		
23:00					Kino mit Freunden		
0:00							

Planen Sie die Wochen genau!
Wochenpläne sind die wichtigste Zeiteinteilung, besonders während des Semesters. Erstellen Sie sich einen Wochenplan: Sie können ihn aufzeichnen wie die üblichen Stundenpläne aus Ihrer Schulzeit – oder Sie drucken sich eine Vorlage aus Ihrem E-Mailprogramm aus.
Tragen Sie zunächst alle obligatorischen und freiwilligen Vorhaben ein, die Sie bereits absehen können: regelmäßige Termine wie Lehrveranstaltungen, Treffen von Arbeitsgruppen, soziale Verpflichtungen und Verabredungen, Jobs, Zahnarzttermin, Sporttraining oder Haushaltstätigkeiten. **Reservieren Sie auch Zeit für spontane Aktivitäten,** beispielsweise am Wochenende. Nur über die Zeit, die neben diesen Ereignissen übrig bleibt, können Sie tatsächlich verfügen.

Erst jetzt überschauen Sie, wie viel Zeit Sie in dieser Woche für Ihr Arbeitsprojekt haben. Sehen Sie sich die Liste der definierten Arbeitsschritte durch und verteilen Sie sie auf die vorgesehenen Zeitfenster Ihres Wochenplans. Legen Sie Beginn und Ende der Arbeitsphasen fest und so konkret wie möglich die Lernziele für die einzelnen Arbeitsschritte. Haben Sie alles, was Sie sich für diese Woche vorgenommen haben, untergebracht?

Falls nicht, müssen Sie die Arbeitszeit ausweiten oder die Gesamtplanung verändern. Auf welche Aktivitäten könnten Sie verzichten? Welcher Termin lässt sich verschieben? Können Sie bei der Arbeit inhaltliche, eingrenzende Schwerpunkte setzen? Dabei sollten Sie auf keinen Fall auf freie Tage verzichten, damit Sie nicht die Fähigkeit verlieren, sich zu entspannen und zu erholen.

Tipp

Planen Sie für jeden Arbeitstag Pufferzeiten ein. Bewährt hat sich, die täglich vorgesehene Arbeitszeit nur zu zwei Dritteln mit konkreten Arbeitszielen zu verplanen. Die restliche Arbeitszeit sollten Sie für unvorhergesehene Schwierigkeiten reservieren – oder, wenn Sie schneller vorankommen, für einen weiteren Arbeitsschritt bzw. zur Entspannung nutzen.

Unterteilen Sie Ihre Arbeitsphasen in kleinere Einheiten, an deren Ende jeweils eine kurze Pause steht. Als günstig hat sich eine Dauer von **60 bis 90 Minuten** erwiesen, gefolgt von **fünf bis zehn Minuten Pause.** Solche kurzen Pausen haben einen hohen Erholungswert. Nutzen Sie diese Zeit zur Entspannung, nicht zur Ablenkung!

Nötige Anpassungen vornehmen
Überprüfen Sie regelmäßig, ob Sie Ihr Ziel erreicht haben. Ein Plan ist nicht unveränderlich. Auch wenn Sie sich damit viel Mühe gemacht haben, sollten Sie ihn regelmäßig kritisch betrachten. Wenn Sie merken, dass Sie den Arbeitsaufwand für Teilaufgaben falsch eingeschätzt haben oder dass Ihr Plan Sie in anderen Lebensbereichen zu sehr einschränkt, korrigieren Sie ihn! Sie haben auch die Möglichkeit, das Arbeitsziel zu überdenken. Können Sie Ihre Ansprüche senken und trotzdem den Anforderungen genügen?

Übung

Planen Sie eines Ihrer Semesterziele, eine umfangreiche Studienleistung, die Sie erbringen müssen: eine schriftliche Ausarbeitung, ein Referat, einen Praktikumsbericht oder eine Klausur. Bis zu welchem Termin müssen Sie die Leistung erbringen? Legen Sie fest, welche Arbeitsschritte Sie bis wann bewältigen wollen.
Gehen Sie nach der beschriebenen Strategie zur Zeiteinteilung vor und planen Sie im Detail:
• Formulieren Sie das Arbeitsziel
• Legen Sie den Zeitrahmen fest
• Bestimmen Sie Etappenziele
• Schätzen Sie, wie viel Zeit Sie für die erforderlichen Tätigkeiten benötigen
• Planen Sie die Woche genau
• Legen Sie Zeitfenster für Ihr Arbeitsziel fest
• Planen Sie Pufferzeiten ein
Ist das Arbeitsziel für den vorgesehenen Zeitrahmen realistisch? Wissen Sie, wie viel und wann Sie in der kommenden Woche für diese Studienleistung arbeiten müssen?

Haben Sie die Übung durchgeführt? Wenn es Ihnen nicht gelungen ist, kann es an verschieden Umständen liegen:

→ Sie benötigen noch genauere Kenntnisse über Ihre Arbeitsgewohnheiten: Sie sollten über einige Zeit ein *Arbeitsjournal* führen!
→ Sie können noch nicht gut einschätzen, welche Teilaufgaben sich mit der Studienleistung verbinden: Ein Gespräch mit Tutor/innen und Kommiliton/innen hilft weiter!
→ Sie stellen fest, dass Ihnen noch methodische Voraussetzungen fehlen: Sie müssen zusätzliche Lernzeit einplanen, um diese Defizite aufzuarbeiten!

Vielleicht fühlen Sie sich unbehaglich mit der Anforderung, Ihre Arbeitsziele langfristig zu planen, weil Sie es gewohnt sind, die Dinge auf sich zukommen zu lassen und bislang auch gute Erfahrungen damit gemacht haben. Warum sollen Sie sich nun all die Mühen, die mit Ihren Zielen verbunden sind, vor Augen führen und schon im Mai festlegen, womit Sie Mitte August beschäftigt sein wollen? Selbst wenn Sie Plänen gegenüber skeptisch sind, so sollten Sie für Studienarbeiten dennoch im Blick behalten, vom Groben zum Feinen zu planen. **Beginnen Sie nie mit irgendwelchen Detailaufgaben, wenn Sie nicht ihren Stellenwert im Gesamtprojekt einschätzen können.** Das frustriert und führt oft zum Aufgeben oder Verschleppen von Zielen.

kurz und knapp

Sich regelmäßig einen Überblick über Ziele und Zeitbudgets zu verschaffen, gilt als das Kernstück aller Zeiteinteilung. Empfinden Sie dies als eine Stress mindernde Strategie oder setzt Sie das eher unter Druck? Kennen Sie die hier vorgestellten Regeln? Welche Aspekte des Zeitmanagements haben Sie bislang außer Acht gelassen, obwohl Sie sie als „theoretisch" sinnvoll ansehen? Überprüfen Sie Ihre Einstellung gegenüber Zeitplanung und denken Sie über Ihre Arbeitserfahrungen mit und ohne Zeitplanung nach.

3.2 Zielvorstellungen mit Zeitstrukturen verbinden

Im Studium verfolgen Sie in der Regel nicht nur ein einziges Arbeitsziel. Vielmehr möchten Sie verschiedene Vorhaben in die Tat umsetzen. Neben den quasi-offiziellen Zielen von Ausbildung und Beruf sehen Sie sich auch mit den sozial erwünschten, von Partnern, Eltern oder Freunden formulierten Leistungserwartungen konfrontiert und haben Ihre eigenen Wünsche, was Sie im Leben erreichen wollen sowie Bedürfnisse nach Erfahrungen, die Sie im Alltag vermissen.

Im ersten Kapitel können Sie nachlesen, wie Ihre Ziele (auch die heimlichen) Ihr Verhalten lenken (können). Ziele sind Orientierungspunkte, die das Handeln leiten und müssen deshalb klar und eindeutig benannt werden.

Tipp

Ziele sollten stets konkret und „**smart**" formuliert sein: spezifisch – messbar – aktionsorientiert – realistisch – terminierbar!

Das Erstellen persönlicher Zielkataloge ist schwierig, noch komplizierter wird es, die unterschiedlichen Zeitstrecken, die mit den kurz- und langfristig angestrebten Zielvorstellungen verbunden sind, gleichzeitig im Blick zu behalten. Um langfristig mit sich und den Ergebnissen der persönlichen Anstrengungen zufrieden sein zu können, müssen explizite und implizite Absichten transparent und überprüfbar bleiben.

→   Rufen Sie sich in Erinnerung, wie Sie bei früheren Gelegenheiten Arbeiten erledigt haben und wie es Ihnen gelungen ist, mit unterschiedlichen Ansprüchen umzugehen. Was ist gut gelaufen, womit waren Sie unzufrieden?

Die Studienleistungen, die Sie erbringen müssen, sind objektiv definiert, aber auch durch persönliche Zielsetzungen bestimmt. Es könnte beispielsweise so gewesen sein, dass zu Beginn des Semesters unausgesprochen die Hoffnung bestand, durch den Besuch einer Vorlesung nicht nur die entsprechende Zahl von Credit Points zu erwerben, sondern sich zu Semesterende sicherer und kompetenter bezüglich des Fachinhalts zu erleben. Das hätte aber bedeutet, sich nicht nur nach dem Motto „vier gewinnt" auf die Klausur vorzubereiten, sondern sich darüber hinausgehende inhaltliche Ziele zu setzen. Die angemessene Zielformulierung wäre gewesen, nicht nur die Klausur „irgendwie" zu bestehen, sondern sich mit den Grundbegriffen der Fachwissenschaft auseinanderzusetzen und das theoretische Gerüst zu verstehen. Dazu wäre es nötig gewesen, sich ausführlicher mit der Nachbereitung der Vorlesung zu beschäftigen, sich also dafür Zeit zu reservieren.

Um nicht ständig in Gefahr zu sein, den eigenen Vorstellungen hinterherzuhinken, ist es entscheidend, in Hinblick auf Anforderungen und Wünsche an sich selbst Transparenz herzustellen. Die Ziele sind mit konkreten Daten zu verbinden, und Sie müssen sich entsprechend der Grundregeln zum Zeitmanagement mit Hilfe von Übersichtsplänen und Kalendern Eckdaten setzen.

Zu Schulzeiten waren die Kriterien für das Erfüllen einer Leistungsanforderung definiert. Nun müssen Sie diese persönlich festlegen, und gerade, wenn nicht deutlich zwischen minimalen und höheren Ansprüchen unterschieden wird, lässt sich nicht klar erkennen, wann das Ziel erreicht ist. Das löst bei einigen das Gefühl aus, nie fertig zu sein. Eine äußerst ungesunde Einstellung! Sie birgt die Gefahr, dass andere Lebensbereiche zu kurz kommen.

Multitasking wird die Fähigkeit genannt, sich auf verschiedene Tätigkeiten parallel einstellen zu können. In Expertenkreisen wird darüber gestritten, ob es wirklich möglich ist, sich gleichzeitig auf mehrere Themen zu fokussieren. Man kann allerdings lernen, sich schnell nacheinander auf verschiedene Dinge zu konzentrieren. Das heißt, **manchmal muss man parallel an mehreren Aufgaben arbeiten und sie planerisch vorantreiben.** Entwickeln Sie Ihren individuellen Stil, mit Zeitstrukturen umzugehen. Der akademische Kalender gibt natürlich schon viele Eckdaten vor, an denen sich Ihre Planung zwangsläufig orientieren muss. Aber dennoch brauchen Sie Ihren Rhythmus und eine eigene Art, sich an wichtige Termine zu erinnern, um Alltag, Arbeit und Lebensvorstellungen zu strukturieren. Suchen Sie nach Möglichkeiten, wie Sie sich Zeitstrukturen gut vergegenwärtigen können. Man kann z.B. unterschiedliche Farben für verschiedene Tätigkeiten einsetzen und sich das Farbmuster für bestimmte Wochen oder Monate einprägen. Ihnen wird sicher auffallen, wenn das Muster, ohne dass Sie das bewusst entschieden haben, eintönig wird!

kurz und knapp

Wenn Sie Alltag und Studium nach Ihren Vorstellungen von einem guten Leben gestalten wollen, sollten Sie sich Ihrer Aufgaben, Verpflichtungen, Ansprüche und Sehnsüchte bewusst sein. Nur dann lassen sich Strategien entwickeln, Anforderungen und Absichten befriedigend zu erfüllen. Ergebnisorientiertes Denken, das Vorhaben oder Wünsche auch mit bestimmten Zeitvorstellungen verbindet, erhöht die Wahrscheinlichkeit, dass sie realisiert werden. Wer keine Ziele hat, braucht keine Pläne!

3.3 Prioritäten setzen

Verschiedenen Zielsetzungen nachzugehen, ist deshalb schwierig, weil Sie zwar mehrere Ziele zur gleichen Zeit verfolgen, die konkreten Handlungen aber in der Regel nacheinander ausführen. Mitunter wird auch erkennbar, dass nicht alle Ziele und Wünsche in einer bestimmten Zeitspanne erreicht werden können. In jedem Fall wird manches für Sie bedeutender sein als anderes: Sie müssen Prioritäten setzen!

Tipp

Wenn Sie sich an den Schreibtisch setzen, ist die erste halbe Stunde entscheidend: Überlegen Sie zuvor, womit Sie beginnen wollen! Gehen Sie an den Schreibtisch mit einer klaren Perspektive für die ersten 30 Minuten.

Um herauszufinden, was Sie vorrangig erledigen sollten, müssen Sie wissen, was Sie wann erreicht haben wollen. Ist es für Sie wichtiger, alle sechs Klausuren zu Semesterende sicher zu schaffen, oder ist es wesentlicher, bei zweien die Bestnote zu erhalten und bei den anderen eine mögliche Nachprüfung in Kauf zu nehmen? Ihre Entscheidung hat Auswirkungen auf Ihren Arbeitsplan: sowohl auf den Umfang des Lernstoffs als auch auf die Zeitverteilung für die Vorbereitung auf die einzelnen Prüfungsklausuren.

Übung

Schreiben Sie auf kleine Zettel alles, was Sie in den nächsten Wochen, neben den festgelegten Pflichtterminen, erledigen wollen oder müssen. Halten Sie einfach alles fest, was Ihnen einfällt, zum Beispiel: 2 x wöchentlich Blumen gießen, für die Sprachprüfung lernen: Wortschatzübungen 8 bis 15 (das wären also 10 Zettel!), die Sprechstunde besuchen, Friseurtermin vereinbaren, für das Referat recherchieren, Gitarre spielen, Arbeitsgruppe für Klausurvorbereitung organisieren und so weiter. Dann müssen Sie diese Studien- und Alltagsanforderungen zeitlich und nach Wichtigkeit so sortieren, dass sich eine Agenda ergibt.

Eine in Managerkreisen beliebte Form der Festlegung von Prioritäten ist das „**Eisenhower Quadrat**": eine einfache Kreuztabelle, in der die Zuordnungen wichtig / unwichtig und dringlich / nicht dringlich so kombiniert werden, dass sich alle Anforderungen des (Studien-)Alltags einer der sich ergebenden vier Kategorien zuordnen lassen.

	dringlich	nicht dringlich
wichtig	*sehr bald erledigen*	*nicht lange aufschieben, unbedingt in längerfristige Planung aufnehmen*
nicht wichtig	*nachrangig behandeln*	*in den Papierkorb bzw. nein sagen*

To-Do-Listen sind ausgezeichnete Hilfsmittel, um einen Überblick über anstehende Aufgaben in einem begrenzten Zeitraum zu bekommen. Listen sorgen für eine klare Vorstellung von dem, was zu tun ist, und Sie können die einzelnen Vorhaben leicht in eine sinnvolle Reihenfolge bringen. Schreiben Sie zunächst alles, was Sie in einer Zeitspanne erledigen wollen, in eine Liste untereinander. Wenn bestimmte Aufgaben sehr komplex sind, sollten Sie sie in Teilaufgaben zerlegen. Die Listen schützen nicht nur vor Vergesslichkeit, sondern helfen Ihnen, wenn Sie die Aufgaben nach Ihrer Wichtigkeit für Ihre vorrangigen Ziele bewerten, dass Sie sich nicht in Kleinkram verzetteln und die Arbeit an Ihren Hauptanliegen vernachlässigen! Wenn Sie Arbeiten als erledigt **abhaken können, hat** das **einen motivierenden Effekt.** Die Liste der Absichten wandelt sich in eine Ergebnisliste!

Tipp

 Führen Sie To-Do-Listen nur für einige Tage, sonst wird die Liste unübersehbar lang und dies würde eher abschrecken als motivieren!

Geben Sie den Aktivitäten Vorrang, die dafür sorgen, dass die Voraussetzungen für Ihre Arbeit stimmen. Bringen Sie Ihren Arbeitsplatz in Ordnung, klären Sie Probleme, die Sie langfristig belasten könnten (z.B. Geldprobleme), besorgen Sie sich Arbeitsmaterial und lassen Sie Ihren Laptop reparieren, wenn Sie wissen, dass Sie demnächst auch in der Bibliothek schreiben wollen.

Sie können Ihre Ziele, mit deren Realisierung Sie gegenwärtig beschäftigt sind, auch in einer *Mind Map* darstellen und dabei Zeitstrecken und Prioritäten mit unterschiedlichen Farben markieren. Das erleichtert gerade Menschen, die sich durch Pläne schnell eingeengt fühlen, sich Teilaufgaben zu vergegenwärtigen und sich Wahlfreiheit zu sichern.

Sinnvoll ist auch, mit To-Do-Listen in Form von Post-it-notes zu arbeiten. Die einzelnen Klebezettel, auf denen die jeweiligen (Teil-)Aufgaben notiert sind, lassen sich auf einer *Mind Map* oder einer Liste verschieben, falls sich Prioritäten oder Arbeitsumstände verändern. Die Entscheidung, was Sie in einem bestimmten Zeitfenster genau tun können, hängt nämlich neben dem Stellenwert dieser Tätigkeit für die Erreichung wichtiger Ziele auch vom Umfang der verfügbaren Zeit, Ihrer Energie und der Arbeitsumgebung ab.

kurz und knapp

Ordnen Sie die anstehenden, den Zielen zugeordneten Tätigkeiten nach ihrer Wichtigkeit in eine Rangfolge. Das gibt Ihnen das Gefühl, dass Sie Ihr Verhalten steuern können und nicht umgekehrt die Anforderungen Sie dominieren.

3.4 Das Semester individuell planen

Während des Studiums müssen Sie sich immer wieder neu organisieren und sich an neue Wochenrhythmen gewöhnen. Pflichtveranstaltungen, an denen Sie regelmäßig teilnehmen, erfordern Umstrukturierungen hinsichtlich der Freiräume für einen Job oder Sport- und Freizeittermine. Sie müssen feststellen, ob es bestimmte Fristen gibt, die einzuhalten sind: Anmeldung zu Prüfungen, für ein Auslandssemester, für Praktika, Sprachtest für Bewerbungen an anderen Hochschulen oder für einen weiterführenden Masterstudiengang. Dafür müssen Sie beizeiten die notwendigen Unterlagen zusammenstellen. Dies alles könnten wichtige Vorhaben sein, auf die Sie sich im Semester konzentrieren müssen. **Achten Sie bei dem Erstellen des Semesterplans auf Ihre individuellen Zielsetzungen.** Machen Sie sich bewusst, welche Bedeutungen einzelne Ziele für Sie haben! Mit den in diesem Kapitel vorgestellten Strategien wird Ihnen die Planung sicherlich gut gelingen.

Übung

Beginnen Sie mit einer Momentaufnahme Ihres Lebens:
- Formulieren Sie konkret und ausführlich Ihre Studienziele für dieses Semester!
- Schreiben Sie auch auf, welche mittelfristigen Zielsetzungen Sie verfolgen: Was wollen Sie in Gang bringen? Bis wann?
- Gibt es studienbezogene Defizite, die Sie in diesem Semester ausgleichen wollen?
- An welchen persönlichen Wünschen möchten Sie auch in den kommenden Monaten arbeiten?
- Welche Eckdaten müssen Sie im Blick behalten (Anmeldungen, Bewerbungen, Einschreibefristen usw.)? Denken Sie nicht nur an das Studium, sondern auch an Reisen, Hobbys oder Ehrenamt!
- Stellen Sie eine Rangreihe der Vorhaben auf und unterscheiden Sie sorgfältig zwischen minimalen und maximalen Zielsetzungen!

> • Unterteilen Sie jedes Vorhaben in Teilziele und ordnen sie diese nach ihrer Wichtigkeit in eine logische Kette von monatlich oder wöchentlich zu erreichenden Zwischenzielen!

Die Antworten spiegeln Ihren Alltag: Sie zeigen, in welchem Geflecht von Wünschen, Zielen, Aufgaben und Beziehungen Sie stehen. Was müssen Sie, was können Sie, was möchten Sie in den nächsten Monaten verwirklichen? Wofür benötigen Sie Ihre Zeit?

Tipp

Machen Sie sich keine Illusionen über Ihren Arbeitseifer. Planen Sie nah an Ihren Erfahrungen und schließen Sie mit sich Kompromisse zwischen Wunsch und Wahrscheinlichkeit. Eine relativ niedrig angesetzte Zahl der Arbeitsstunden für das Selbststudium bei möglichst vielen freien Tagen zwingt dazu, radikal Prioritäten zu setzen und Unwichtiges wegzulassen!

Fertigen Sie sich zum besseren Überblick eine Tabelle an, mit den Spalten „Was muss ich tun, was wäre sinnvoll, was wäre schön, wenn es möglich wäre?"! Eine Vorlage können Sie sich von der Lernplattform herunterladen: www.utb-mehr-wissen.de.

Die erforderlichen Arbeitsschritte zur Realisierung der Vorhaben müssen Sie jeweils herausfinden. Holen Sie Erkundigungen ein (was muss ich tun, was wird verlangt) und / oder bedienen Sie sich einer Brainstorming-Methode und halten Sie alle Einfälle mit einem *Cluster* fest. Danach sortieren und strukturieren Sie die Einfälle, beispielsweise in einer *Mind Map*. So können Sie Ordnungen vornehmen, z.B. nach Fächern, Arbeitsabläufen, Prioritäten – und Sie können dabei übersichtlich Einzelheiten vermerken.

Um realisierbare Vorstellungen für die kommenden Monate entwickeln zu können, müssen Sie Ihre Wünsche und Ziele systematisch überprüfen und jeweilige Teilziele an Zeitpunkte koppeln.

Übung

- Welche Veranstaltungen sind unbedingt zu belegen? (Beispielsweise, weil Sie erst nach deren erfolgreichem Bestehen im nächsten Semester aufbauende Pflichtseminare besuchen können oder weil die Veranstaltung nicht in jedem Semester angeboten wird.)
- Wie viele Scheine / Credit Points müssen Sie erwerben?
- Wie viel müssen Sie jobben, um ausreichend Geld zu haben?
- Wie viel Zeit brauchen Sie für Sport und Hobby?
- Welche Zeit benötigt die Haushaltsorganisation, die WG?
- Gibt es Familienereignisse, die zu berücksichtigen sind?

Mit solchen Fragen entwerfen Sie einen gewünschten Soll-Zustand und können einzelne Aufgaben mit Zeitvorstellungen verbinden. Auch müssen Sie Zeiten für das Selbststudium einplanen (Lernen, Nach- oder Vorbereiten von Veranstaltungen, Lesen für Referate bzw. Hausarbeiten, Schreiben). Ideal ist es, wenn Sie Seminare so legen können, dass Sie nicht zu viel Zeit für Wegstrecken benötigen oder nutzlose „Freistunden" haben. Beachten Sie aber auch eigene Strukturen und Rhythmen, die im Wochenablauf (häufig unbemerkt) vorhanden sind.

Wählen Sie für das Selbststudium (Lernen, Verfassen eigener Texte) **nach Möglichkeit Ihre besten Arbeitszeiten**, das heißt die Stunden des Tages, in denen Sie in der Regel besonders wach und konzentriert sind. Im Allgemeinen gilt der Vormittag als leistungsintensivste Phase, aber auch am späteren Nachmittag (optimal – so sagen Arbeitspsychologen und Mediziner – nach einem kurzen Mittagsschlaf) liegt ein Leistungshoch. Wenn Sie nachts gut arbeiten können, ist daran nichts auszusetzen, nur sollten Sie bedenken, dass Sie dann wohl öfters in Konflikte geraten, denn am Abend gibt es oft verlockende Alternativen. Die Arbeitszeit über längere Phasen in die Nacht zu verschieben, beeinträchtigt die Präsenz an der Hochschule und erschwert die sozialen Kontakte rund ums Studium.

Stellen Sie sich dann, wie in Kap. 3.1 beschrieben, Pläne für die ersten Semesterwochen auf und reflektieren Sie Ihre Erfahrungen (zum Beispiel mit einem *Arbeitsjournal*). Nach zwei bis drei Wochen des Semesters haben Sie sicherlich einen Eindruck, ob Ihre Planung funktioniert. Wenn Sie merken, dass Sie Ihre Zeit anders gestalten, als Sie es sich vorgenommen haben, versuchen Sie herauszufinden, woran es liegt.

Ziele, die über das erforderliche Minimum hinausgehen, sollten Sie erst dann ansteuern, wenn Sie wissen, dass Sie dafür Zeit und Energie haben.

kurz und knapp

Machen Sie sich zu Semesterbeginn Ihre Ziele bewusst und teilen Sie Ihre Zeit entsprechend ein. Durch kritische Vergleiche von IST und SOLL erreichen Sie schrittweise realistische Wochenpläne, und können rechtzeitig entscheiden, welche Wünsche, aber auch welche Gewohnheiten Sie für die nächsten Wochen aufgeben sollten. Passen Sie Ihre Vorhaben den realen Arbeitsabläufen an und korrigieren Sie zu ehrgeizige Zielsetzungen! Es ist besser, zu einem frühen Zeitpunkt im Semester die Prioritäten zu überdenken und Entscheidungen zu treffen, als sich mit unrealistischen Erwartungen Stress zu bereiten.

3.5 Zeitdiebe in den Griff bekommen

Das kennen Sie sicherlich: Sie haben sich an den Schreibtisch gesetzt mit der Absicht, an einem Text weiterzuarbeiten. Zuerst wollten Sie schnell noch nachsehen, ob ein Freund auf Ihre E-Mail geantwortet hat. Als Sie sich nach einer halben Stunde, durstig geworden, ein Glas Wasser holen, sind Sie immer noch dabei, interessante Neuigkeiten im Internet zu lesen. Sie ärgern sich über sich und sind noch weniger motiviert, mit Ihrer Arbeit zu beginnen.

Tipp

Es ist faktisch nicht möglich, sich vollständig vor ungewollten Verschiebungen und Unterbrechungen der geplanten Arbeitsabläufe zu schützen. Aber es ist hilfreich, wenn man seine Zeitsünden erkennt. Welche Tätigkeit bevorzugen Sie, wenn Sie mit der Schreibtischarbeit beginnen, aber nicht wirklich anfangen?

Beliebte Zeitfresser sind, neben E-Mails-Lesen und dem Surfen im Internet, Tagträume, Maniküre, Blumenpflege, Kaffee trinken, Kiffen, sich etwas zum Essen holen, Geschirr abwaschen, Einkaufen gehen. Was tun Sie mit Akribie, obwohl es (zu diesem Zeitpunkt) nicht wichtig ist? Lassen Sie sich in Tätigkeiten verwickeln, die Sie eigentlich gar nicht wollen? Wer schafft es immer, Sie abzulenken?

Zeit wird oft ineffektiv verbracht, wenn Freizeit und Arbeitszeit nicht gut voneinander getrennt sind. Sie können sich den Einstieg in die Arbeit also erleichtern, wenn Sie Ihren Arbeitsplatz von den Dingen befreien, die Sie nicht für die geplante Arbeit benötigen. Trennen Sie Freizeit und Arbeit auch auf Ihrem PC. Sie sollten nicht online sein, wenn Sie einen Text verfassen, so wie Sie auch nicht auf jede SMS sofort reagieren oder zu jeder Zeit ans Telefon oder Handy gehen sollten. **Wenn Sie Ihre Arbeitszeit als solche respektieren, tun es auch Ihre Freundinnen und Freunde.**

Versuchen Sie herauszufinden, was Ihnen ungewollt Zeit und Energie stiehlt. Oft sind es ungünstige Einstellungen, die es anderen leicht machen, Sie zu stören, oder es liegt an einer unklaren Arbeitsorganisation. Überlegen Sie selbst, worauf Sie achten sollten, damit Sie weniger leicht verführbar sind, ein geplantes Vorhaben aufzuschieben oder zu unterbrechen.

Typische Zeitdiebe sind Einstellungen wie:

Ich möchte
- unbedingt überall dabei sein.
- alle Fakten umfassend wissen.
- alles perfekt machen.
- alle Probleme sofort aufgreifen.
- anderen alles recht machen.
- alles, was einem einfällt, spontan und sofort tun.
- alles noch schnell nebenbei erledigen.
- jederzeit sofort für alle ansprechbar sein.
- alles kontrollieren.

Schlechte Angewohnheiten, die ebenfalls mit Zeitverlust und Unkonzentriertheit bezahlt werden, sind Unordnung und fehlende Übersicht. **Wenn Sie kein gutes System haben, wie Sie relevante Informationen speichern und leicht wieder auffindbar machen, verlieren Sie viel Zeit durch Suchen.** Wenn Sie „drauflos" arbeiten und lesen, ohne sich Leseziele zu überlegen, werden Sie viel zu gründlich vorgehen und vermutlich auch unangemessen viel (ungeordnet) herausschreiben.

kurz und knapp

Um die Zeit Ihrer Planung entsprechend nutzen zu können, sollten Sie wissen, was ansteht. Sie sollten Arbeit und Freizeit gut trennen, auch auf Ihrem Arbeitsplatz. Unklarheit und Unübersichtlichkeit macht Sie anfällig für Zeitfallen. Legen Sie sich ein Blatt Papier zurecht und notieren Sie die Dinge, die Sie plötzlich für sehr dringend halten – und bleiben Sie bei Ihrem Plan!

Üben Sie nein zu sagen bei allem, was Ihre Aktivitäten, denen Sie eine hohe Priorität zugeordnet haben, behindert.

3.6 Arbeiten unter Zeitdruck

In sehr dringlichen Fällen, wenn z.B. nur noch wenige Wochen für die Vorbereitung einer Prüfung oder die Abgabe einer wissenschaftlichen Abschlussarbeit bleiben, haben Sie nicht mehr die Chance auszuprobieren, wann Sie unter welchen Bedingungen besonders gut arbeiten können. Dann sollten Sie ganz konsequent nach der Strategie vorgehen, die Ihnen im ersten Teil dieses Kapitels vorgestellt wurde. **Es ist erfolgversprechender, für einige Wochen das Verhalten radikal umzustellen, als täglich neue Kompromisse mit sich auszuhandeln.** Für eine langfristige Optimierung des Verhaltens benötigen Sie dagegen Zeit, Ihre Gewohnheiten, Ihren persönlichen Arbeitsrhythmus aufzuspüren und Ihre lang- und mittelfristigen Zielsetzungen zu berücksichtigen.

Stellen Sie zu Beginn der Planungsphase Kriterien auf, mit deren Hilfe Sie entscheiden, ob das Arbeitsvorhaben durchzuführen ist. Fertigen Sie zuerst eine Liste aller für das Arbeitsvorhaben zu erledigenden Aufgaben an und schätzen Sie die benötigten Arbeitsstunden ein. Stellen Sie eine weitere Liste mit allen übrigen Verpflichtungen auf und schätzen Sie auch hierfür den notwendigen Zeitaufwand ab. Zählen Sie die Tage, die noch „frei" sind und bestimmen Sie, wie viele Stunden Sie jeweils täglich arbeiten können. Nun prüfen Sie, ob die Zeit, die Sie nach Ihrer Einschätzung benötigen, wirklich zur Verfügung steht. Wenn das nicht der Fall ist und Sie den Termin nicht verschieben können, müssen Sie das Arbeitspensum kürzen und Ihre Ansprüche reduzieren. Klären Sie vorrangig welchen Spielraum Sie dafür haben!

Bei der Aufgabenverteilung auf die einzelnen Tage achten Sie vor allem darauf, dass Sie sich einen geordneten Einstieg in die Arbeit ermöglichen. Versuchen Sie, besonders schwierige und unangenehme Aufgaben über die gesamte Zeitspanne zu verteilen und dabei Lerneigentümlichkeiten, die Sie von sich kennen, zu beachten. Sollten Sie Entscheidungen getroffen haben, auf bestimmte Gepflogenheiten eine Weile zu verzichten, wird das nur funktionieren, wenn Sie wirklich dahinterstehen. Sobald Sie sich Einschränkungen abverlangen, die Sie eigentlich inakzeptabel finden, werden Sie sich auf Ihren Plan kaum einlassen können, sondern beim Arbeiten das Gefühl haben, Ihr Leben zu versäumen, und sich bei Freizeittätigkeiten Vorwürfe machen, dass Sie nicht lernen.

Je konkreter Sie sich tägliche Arbeitspläne erstellen, umso besser. Legen Sie nach Möglichkeiten die Arbeitszeiten genau fest, es ist ideal, wenn Sie an mehreren Tagen der Woche immer die gleichen Zeitspannen zum Arbeiten reservieren. **Nutzen Sie den sanften Druck sozialer Kontrolle,** wenn Sie befürchten, von Ihrem Plan abzuweichen. **Verabreden Sie sich in der Bibliothek mit Freunden,** die wie Sie ein Arbeitsziel strikt verfolgen. Oder verabreden Sie, dass Sie einer Freundin immer eine SMS schreiben, wenn Sie mit der Arbeit beginnen und am Abend eine Nachricht mit einer Bilanz des Arbeitstages. Der erste Erfolg ist dann das Einhalten der vorgesehenen Arbeitszeiten. Es ist wichtig, sich auch dafür Anerkennung zu geben.

Tipp

Gerade wenn Sie über eine längere Zeitspanne unter großem Zeitdruck arbeiten, sollten Sie darauf achten, dass Sie Ihre Arbeitszeiten einhalten und nicht immer (in die Nacht) verschieben.

Überlegen Sie bei jeder Aufgabe, worin das Arbeitsergebnis bestehen soll, denn für zielloses Arbeiten fehlt Ihnen die Zeit. Unterteilen Sie den Arbeitstag in einzelne Arbeitsphasen und achten Sie auf Pausen. **Stellen Sie für jeden Tag eine Prioritätenliste auf, und erledigen Sie die Aufgabe mit der höchsten Priorität zuerst.** Auf diese Weise können Sie die Erarbeitung von Basiswissen sicherstellen, auch wenn nicht jede wünschenswerte Vertiefung des Themas erreicht werden kann.

Legen Sie für alle einzelnen Arbeitsschritte zeitliche Begrenzungen fest und halten Sie sich daran. Wenn Sie beispielsweise ein Buch überfliegen, um zu entscheiden, ob Sie es zur Ausarbeitung des Themas heranziehen möchten, nehmen Sie sich dafür eine halbe Stunde Zeit und treffen Sie danach auch wirklich die Entscheidung!

Überprüfen Sie immer wieder, ob die vorgenommene Arbeit an dem Tag tatsächlich zu schaffen ist. Sie werden zunehmend sicherer in der Einschätzung, was zumutbar ist und was nicht. Reduzieren Sie das Tagespensum, wenn Sie feststellen, dass Sie sich zu viel vorgenommen haben, und legen Sie einen Zeitpunkt in den nächsten Tagen fest, an dem Sie die Konsequenzen für die Gesamtplanung überdenken.

Häufig stellt sich bei einer sehr detaillierten Tagesplanung heraus, dass der Gesamtplan möglicherweise nicht haltbar ist. Ändern Sie ihn nicht sofort, sondern erst nach einigen Tagen, wenn Sie beobachten, dass die

Tagespläne alle nicht zu schaffen waren. Dann müssen Sie den Ausgangs-plan revidieren. **Inhaltliche Entscheidungen können Sie auch am verfüg-baren Zeitbudget orientieren!** Halten Sie dabei aber die Kriterien im Blick, die Sie anfänglich definiert haben. Entwerfen Sie nach Möglichkeit ein Minimalprogramm, ändern Sie Arbeitszeiten oder erkunden Sie, ob der Abgabetermin bzw. der Prüfungstermin zu verschieben ist. Hier helfen auch Gespräche mit Kommiliton/innen und Beratern weiter. Es kann aber auch sein, dass Sie von Ihrem Ziel Abstand nehmen und sich damit aus-einandersetzen müssen, welche Folgen das hat.

kurz und knapp

Wenn Sie wenig Zeit haben, müssen Sie sehr genau Ihre Zeit und Energie einteilen. Das verlangt Disziplin, die Sie mit gutem Belohnungsmanage-ment stärken können:
Kaufen Sie sich einen Stapel kleiner Karteikarten. Notieren Sie auf diesen bestimmte Teilaufgaben, z.B.: 5 Seiten lesen, aus drei Seiten das Wesent-liche exzerpieren, Kommentar zu einer Lektürestelle schreiben, eine Ta-belle berechnen, ein Zitat heraussuchen, einen Absatz Rohtext schreiben, einen Abschnitt überarbeiten und korrigieren, eine halbe Stunde Literatur recherchieren u.ä.. Nach jeder abgeleisteten Arbeitseinheit geben Sie sich das entsprechende Kärtchen. Legen Sie Belohnungen (Kino, Ausgehen, Fußballabend...) fest, die Ihnen für eine bestimmte Zahl von Kärtchen zusteht.

Was nehme ich mir vor?
Vergegenwärtigen Sie sich Ihre bisherigen Studien- und Alltagserfahrun-gen. Blättern Sie noch einmal in den vorangehenden Abschnitten des Buches und lassen Sie sich zum Nachdenken über Ihren Umgang mit der Zeit anregen.

4. Ressourcen gezielt einsetzen

Selbstmanagementstrategien gehen über die Fertigkeit hinaus, sich die Zeit den Arbeitsvorhaben entsprechend einteilen zu können. Sie integrieren außerdem den bewussten Umgang mit eigenen Stärken und Schwächen sowie die Orientierung am individuellen Lebensentwurf. Ihre wichtigsten persönlichen Ressourcen sind Ihre Ziele und Wünsche, Ihre Motivation sich für sie einzusetzen, Ihre Kompetenzen sowie die Fähigkeit die eigenen Kräfte effektiv zu nutzen.

Vorstellungen, die Sie über sich und Ihre Fähigkeiten haben, bestimmen auch Ihr Verhalten. Ein positives Selbstkonzept und Selbstvertrauen in die eigenen Handlungen ist das Ergebnis von wertschätzender Selbstbeobachtung, der Bereitschaft, sich zu korrigieren und der Erfahrung, sich verändern zu können. Die Aufmerksamkeit sich selbst und den eigenen Wünschen gegenüber ist eine Vorbedingung für motiviertes und konzentriertes Handeln.

Wenn Sie mit Ihren Zielen im Einklang sind, handeln Sie entschlossen: weder übertrieben eilig und beflissen noch zögerlich oder widerständig.

4.1 Gleichgewicht zwischen Wünschen und Pflichten

Finden Sie eine Balance zwischen dem Bemühen, Leistungszielen zu entsprechen und dem Wunsch, ein gutes Leben zu führen. Jetzt und nicht später! Es dauert eine ganze Weile, bis man einschätzen kann, wie viel Kraft und Zeit einzelne Studienvorhaben einem abverlangen und welche Möglichkeiten bestehen, den Alltag befriedigend zu gestalten. Jedenfalls sollten Sie neben Ihrer Leistungsfähigkeit auch die anderen Lebensbereiche entfalten. Das Leben findet im Spannungsfeld von Körperlichkeit, sozialen Kontakten, Kultur und Leistung statt. Die meisten Menschen wünschen sich Gesundheit, eine hohe Lebenserwartung, Fitness ebenso wie Zuwendung, Anerkennung, Selbstverwirklichung, Teilhabe an der Gesellschaft, Erfolg und Wohlstand. Also sorgen Sie neben Ihrem Studium und dem Job auch für Ihr körperliches Wohlbefinden, Ihre Interessen, Ihr (gesellschaftliches) Engagement, und für den Kontakt mit Freunden und Familie.

Suchen Sie den Ausgleichen zwischen den klaren bis starren Strukturen, die der Semesterablauf und die Studiengestaltung erzwingen und den Möglichkeiten, Freiräume spontan zu nutzen. **Zuwenig Struktur führt ebenso wie zu viel Struktur zu Unzufriedenheit oder gar Frustration.** Man kann sich im Chaos verlieren oder sich durch übertriebene Planung total überfordern. Lassen Sie ruhig mal locker, aber vergessen Sie nicht, den Überblick zu behalten. Die Fähigkeit, sowohl den Anforderungen gerecht zu werden als auch den eigenen Interessen und Neigungen nachzugehen, muss immer wieder neu realisiert und an die sich wechselnden Situationen angepasst werden.

→ Wie ist die Balance zwischen Freiheit und Struktur herzustellen?
→ Wann wird Zwanglosigkeit zur Nachlässigkeit?
→ Wann Offenheit zur Ziellosigkeit und Unbeschwertheit zu Leichtsinn?

Diese Fragen lassen sich durch wiederholte Rückkopplung der Erfahrungen mit den Anforderungen beantworten. Der Prozess erfordert sowohl Aufmerksamkeit für Ihre Wünsche und Ziele als auch gegenüber den Reaktionen Ihrer Umwelt. Genießen Sie die Anerkennung der anderen aber geben Sie sich nicht damit zufrieden, wenn die positiven Rückmeldungen sich auf einen engen Bereich beziehen (beispielsweise nur auf Ihr Aussehen oder Ihr Organisationstalent im Freizeitbereich). Verschaffen Sie sich die Gelegenheit, in allen für Ihr Selbstbewusstsein relevanten Aspekten Rückmeldung zu erhalten. Sie hilft Ihnen, sich realistischer zu sehen und im Alltag die Akzente zu setzen, die Sie unterstützen, sich Ihren Selbstvorstellungen entsprechend zu entwickeln. Wer nur paukt, dem fehlen soziale Kontakte und wer „viel Party macht", vermisst trotz aller Kontakte das Gefühl, ganz dazuzugehören und beruflich voranzukommen.

Auf viele Bedingungen, die für die Erfüllung Ihrer Zukunftsvorstellungen bestimmend sind, können Sie keinen Einfluss nehmen. Aber Sie können einiges dafür tun, sich Perspektiven zu eröffnen und aufrechtzuerhalten. Bleiben Sie Ihren Träumen nah und geben Sie sie nicht vorschnell auf.

Orientieren Sie sich, auch wenn Sie mit den kleineren Aufgaben beschäftigt sind, an den großen Vorhaben, damit all die Zwischenschritte die richtige Richtung nehmen.

→ Orientieren Sie sich an Ihren Wunschvorstellungen über sich und Ihr zukünftiges Leben!

→ Ergebnisorientiertes Denken ist ein wirksames Mittel, um Wünsche wahr werden zu lassen.

→ Stellen Sie nicht nur Anforderungen an sich, sondern belohnen Sie sich auch!

→ Wenn Sie sich für die „falschen" Ziele stark engagieren, entsteht schnell der Eindruck von Ineffizienz. Man ist erschöpft und kann seine Anstrengung nicht ausreichend wertschätzen.

→ Wer in die Zukunft blickt, dem gelingen die Übergänge im Leben leichter und lebt außerdem nachweislich gesünder!

kurz und knapp

Gefühle der Unzufriedenheit entstehen, wenn Ihre Prioritäten falsch gesetzt sind oder unklar bleiben. Entwickeln Sie Ihren sehr persönlichen Arbeits- und Lernstil, in dem Sie darauf achten, das Gleichgewicht zwischen Anforderungen und dem Nutzen von Freiräumen maximal im Sinne Ihrer Persönlichkeit und Ihren Lebensvorstellungen zu gestalten. Aufmerksamkeit sich selbst und anderen gegenüber – aus dieser Haltung resultieren Eindrücke und Hinweise, wie man Arbeit und Leben ausgewogen organisieren kann.

4.2 Projekte und den Alltag organisieren

Eine wesentliche Komponente des Selbstmanagements besteht darin, sich Ziele zu setzen. Ohne Ziele bestehen keine Entscheidungsmöglichkeiten, und ohne Entscheidungen ist ein selbstbestimmtes Handeln nicht denkbar. Aber die Ziele müssen handhabbar erscheinen! Größere Vorhaben, egal ob sie sich auf den Arbeits- oder Freizeitbereich beziehen, erzeugen (unbewusste) Widerstände, wenn Sie nicht durch Organisationsvorstellungen ergänzt werden.

> **Tipp**
>
> Erstellen Sie keine Listen, die nur aufzählen, welche Aufgaben erledigt werden müssen. Die wirken oft nicht motivierend, sondern deprimierend. Erfolgversprechende Listen sind auf (unmittelbar) Durchführbares angelegt und sind mit Entscheidungen (Lösungswege) verbunden!

Im Studium bekommen Sie Aufgaben zugeteilt und müssen sich nach einem weitgehend vorbestimmten Stundenplan richten, der Ihnen allerdings einige Freiräume lässt. Gleichzeitig müssen Sie zusätzlich studienbezogene und vielleicht auch private Projekte bearbeiten. Die tägliche Umsetzung der verschiedenen Vorhaben ist nicht einfach. Zum einen wissen Sie nicht bei allen Tätigkeiten, wie viel Zeit Sie benötigen und Sie müssen wahrscheinlich verschiedene Aufgaben parallel bearbeiten. Außerdem kommen immer wieder neue und ungewohnte Anforderungen aus den verschiedenen Lebensbereichen hinzu.

Sie müssen sowohl übergeordnete Aufgaben im Blick behalten als auch die alltäglichen Aufgaben erledigen. Beispielsweise lernen Sie für eine Klausur, bereiten sich in einer Gruppe auf ein Referat vor, wollen auch mit einer wissenschaftlichen Hausarbeit vorankommen, mit Freunden eine Wohnung suchen und müssen Ihre anderen Verpflichtungen für Job, Verein, Chor oder Fachschaft auch noch unterbringen. Sie haben einen recht ausgefeilten Wochenplan, fühlen sich aber mitunter doch überfordert, vor allem, wenn Ihnen an einem Tag für alle die verschiedenen Vorhaben Ideen in den Kopf kommen oder Sie dafür neue Informationen erhalten. Wie können Sie das handhaben und dennoch konzentriert an einzelnen Dingen arbeiten?

Wenn Sie neue Verabredungen treffen, berücksichtigen Sie Ihre bestehenden Termine und vermeiden Sie, sich für Zeiten zu verabreden, die Sie für Studienaufgaben eingeplant hatten. Ist das nicht möglich, legen Sie fest, wann Sie die ursprünglich beabsichtigten Arbeiten stattdessen erledigen. Sie brauchen also ein System, wie Sie Informationen und Termine, an die Sie sich erinnern bzw. die sie einhalten wollen, dingfest machen können: Notizbücher (papierene oder elektronische), ein Pinbrett, Ihr Kalender, Ablagen auf Ihrem Schreibtisch, gekennzeichnete Ordner o.ä.. **Es sollte möglichst nur eine Stelle existieren, an der Sie alles erfassen, was Sie zu organisieren und verwalten haben.** Die verschiedenen Informationen, Hinweise, Memos müssen Sie in möglichst regelmäßigen Intervallen durchsehen und ordnen. Die Häufigkeit bestimmt sich aus dem Umfang der neu hinzukommenden Aufgaben. Sie entscheiden bewusst, was Sie in welcher Angelegenheit tun werden und am besten auch, wann der richtige Zeitpunkt dafür ist. Wenn bestimmte Themen nicht unmittelbar für die aktuellen Aufgaben benötigt werden, brauchen Sie ein Verfahren wie Sie die Informationen zuverlässig wiederfinden, falls sie wichtig werden könnten.

Tipp

Organisationssysteme, wie Kalender und Ablagen, helfen Ihnen, dass Sie über die Dinge, die Sie tun wollen, nachdenken, statt an sie zu denken! Mehr als eine Verpflichtung im Kopf zu haben, löst Stress aus. Wenn Sie an mehrere Dinge immerzu denken, Sie aber unerledigt lassen, führt das zu innerer Unruhe und Frustration.

Beispielsweise könnten Sie sich eine Ablage mit verschiedenen Unterteilungen zulegen. In einem Fach liegt Ihre aktuelle To-Do-Liste, die Sie täglich erneuern, bzw. die Prioritäten überprüfen. In einem zweiten Fach legen Sie Post und Memos ab, die Sie in den nächsten Tagen bearbeiten wollen. Ein anderes enthält Arbeitsblätter, Mitschriften, die Sie regelmäßig in die entsprechenden Ordner ablegen, ein weiteres interessante Literaturhinweise und Einfälle zu Ihrer Hausarbeit, die Sie aber erst in den Semesterferien schreiben werden.

Für die Studieninhalte haben Sie vermutlich – unterschieden nach inhaltlichen Schwerpunkten – entsprechende Ordner, für die anderen Gebiete, von denen Sie erwarten, dass Sie häufiger mit Ihnen zu tun haben werden, können Sie große Umschläge, Klarsichthüllen (die Sie beschriften und abheften können) oder Wiedervorlagemappen verwenden. Letztere sind gut geeignet für Informationen, deren Wichtigkeit sich momentan nicht einschätzen lässt, von denen Sie aber annehmen, dass sie noch Bedeutung gewinnen können. Legen Sie sie ab unter der Rubrik „später bearbeiten" und sehen Sie diese in Abständen durch.

Hinweise für Ihr Projektmanagement:

• Wenn Sie mit etwas beschäftigt sind, sollten Sie immer wissen, für welches Vorhaben Sie etwas tun und was Sie mit dieser Handlung erreichen wollen.

- Sie sollten regelmäßig prüfen, ob Sie in Ihrer wöchentlichen Zeitplanung die Aufgaben entsprechend Ihrem Semesterplan und den anderen Zielsetzungen berücksichtigen. Wenn nicht, treffen Sie Entscheidungen!
- Sie sollten überblicken, über wie viele Freiräume Sie verfügen bzw. dafür sorgen, dass Ihr Tag nicht vollständig verplant ist.
- Nicht alles was Ihnen in den Sinn kommt, sollen Sie sofort aufgreifen und umsetzen. Schreiben Sie Ihren Einfall auf, werten Sie Ihre Notizen regelmäßig aus und entscheiden Sie dann, wie Sie weiter verfahren wollen: ob und wie Sie aktiv werden.
- Wenn an Sie neue Anforderungen oder Bitten herangetragen werden, entscheiden Sie, nach einem Blick in Ihren Kalender, ob Sie darauf eingehen wollen. Kleinigkeiten, z.B. eine Email, um eine Verabredung vorzuschlagen, sollten Sie zeitnah erledigen.
- Neue Aufgaben, die mehr als zwei, drei Minuten Zeit beanspruchen müssen Sie entsprechend ihrer Bedeutung und Dringlichkeit in Ihren nächsten Tagesplänen berücksichtigen. Wenn Sie sich entschließen, eine Sprechstunde aufzusuchen, legen Sie gleich fest, welchen Termin Sie wahrnehmen wollen!
- Wenn Sie noch nicht wissen, ob und wann Sie in einer Angelegenheit handeln müssen (z.B. Kündigung eines Handyvertrags), legen Sie fest, wann Sie die entsprechenden Informationen beschaffen werden. Schreiben Sie sich den Termin in Ihren Kalender.
- Wenn ein Vorhaben noch nicht spruchreif ist, bewahren Sie dazugehörige Informationen in Ihre Ablage oder Mappe unter „später bearbeiten". Gewöhnen Sie sich an, diese regelmäßig durchzusehen. Hier könnte zum Beispiel ein Urlaubstipp abgelegt werden, den Sie interessant finden.

Komplexe Aufgaben wie das Verfassen einer wissenschaftlichen Hausarbeit müssen im Studium neben anderen Aufgaben und Verpflichtungen bewältigt werden. Meist haben Sie mehrere solcher komplexer Projekte (Klausur, Organisation einer Tagung, Vorbereitung des Auslandsaufenthaltes) die Sie organisieren und bearbeiten müssen. Dann ist es gut, für jedes der Vorhaben einen Arbeitsplan aufzustellen, wie im vorangehenden Kapitel beschrieben.

Vielen Studierenden, die mit Ihren Projekten in Stress geraten, fehlt es weniger an Zeit als an Klarheit über die Tätigkeiten, die die Vorhaben umfassen und an Bestimmtheit, welcher nächste Handlungsschritte dafür jeweils erforderlich ist. So wird Schreiben für Studierende oft zu einem Zeitproblem. Sie lesen und unterschätzen die Zeit, die es benötigt, die fremden und eigenen Gedanken strukturiert niederzuschreiben. Der Zeitaufwand für die einzelnen Teilaufgaben wird außer Acht gelassen. Diese müssen jedoch in einem angemessenen Verhältnis stehen, man kann schwer in wenigen Tagen formulieren worüber man Wochen gelesen hat. Die nachstehende Übersicht veranschaulicht am Beispiel des Erstellens einer wissenschaftlichen Hausarbeit, wie die verschiedenen Arbeitsphasen aufeinander abgestimmt werden können.

Arbeitsphasen beim Schreiben:

Veranschlagen Sie für die unterschiedlichen Arbeitsphasen beim Schreiben Ihre Zeit etwa in diesen Anteilen (die genannten Zeiteinheiten beziehen sich auf definierte Stundenkontingente, Tage oder Wochen):
* Orientierung / Fragestellung ➜   6 Zeiteinheiten
* Recherche/Analyse/Strukturieren des Materials ➜   4 Zeiteinheiten
* Erstellen der Rohfassung ➜   8 Zeiteinheiten
* Überarbeitung, Korrektur und Pufferzeit ➜   6 Zeiteinheiten

Wenn Sie sich an der empfohlenen Verteilung Ihrer verfügbaren Zeit für die Hausarbeit orientieren, behalten Sie die Übersicht über das ganze Projekt und schützen sich davor, immer noch mehr Informationen zusammenzustellen, anstatt aus dem etwas zu machen, was Sie bislang erarbeitet haben und später beim Formulieren vertiefend weiter zu lesen.

Die Koordinierung der Projektplanung mit Ihren übergeordneten Plänen, zum Beispiel dem für das Semester, schafft Transparenz und ermöglicht bewusste Entscheidungen. **Die von Ihnen geplanten Eckdaten legen beispielsweise nahe, einen Arbeitsschritt zu beenden und mit einem anderen zu beginnen, obwohl Ihr persönlicher Perfektionismus noch nicht befriedigt ist.** Natürlich müssen Sie sich nicht dem Plan unterwerfen, Sie sind aber veranlasst, bewusst Entscheidungen zu treffen: welchen anderen Arbeitsschritt, welchen Themenaspekt kann ich möglicherweise später aus Zeitnot nicht bearbeiten, wenn ich jetzt diesen weiter ausführe? Und welche Konsequenzen hat dies für die inhaltliche Struktur des Projekts, für die Zeitplanung und für andere Ziele?

Ihre Projekte und Ihren Alltag aufeinander abzustimmen und sich ausgehend von einer übergeordneten Projektplanung an Terminen zu orientieren, ist ein geeignetes Mittel gegen das Verschieben von neuen Arbeitsvorhaben.

Tipp

Tragen Sie in Ihren Kalender ein, wann Sie mit einem neuen Projekt beginnen möchten, wie dem Schreiben des Praktikumsberichts. Für den ersten Termin sollten Sie eine kurze Arbeitseinheit vorsehen, vielleicht eine Stunde, mit dem Ziel, sich mit der anstehenden Aufgabe auseinanderzusetzen, sich erste Vorstellungen zu machen und die Bearbeitung zu skizzieren. Wichtig ist dabei, dass Sie nach der Stunde auch wieder aufhören. Dadurch kommt nicht erst das Gefühl auf, dass die Arbeit immer ausufert, wenn man sich ihr widmet.

Es ist durchaus eine Strategie, sich beizeiten klar zu machen, dass man wichtige Aufgaben wahrscheinlich auf Kosten anderer Vorhaben erledigen muss, wenn man den rechtzeitigen Anfang verschiebt. Zum Beispiel im März für die Nachklausur lernen statt Ski fahren! Mögliche Konflikte zwischen Ihnen wichtigen Vorhaben sind zu einem frühen Zeitpunkt leichter zu klären, als wenn Sie sich plötzlich in der Situation wiederfinden, gleichzeitig mehreres umzusetzen zu sollen. Umsichtig und angemessen reagiert man leichter, wenn man noch nicht in die Aufgaben verstrickt ist, dann lassen sich auch die Prioritäten eindeutiger erkennen und man kann danach handeln.

kurz und knapp

Projektplanungen definieren einen Rahmen für Ihre Arbeit, damit Sie andere Tätigkeiten nicht ungewollt vernachlässigen. Die gedankliche Vorplanung Ihrer Projekte und die Abstimmung mit den alltäglichen Anforderungen und Ihren Bedürfnissen, werden Sie dabei unterstützen, die Balance zwischen Verpflichtungen und Wünschen zu finden. Entscheidend ist, dass Sie sich bestimmte Eckdaten setzen, zu denen Sie einzelne Teilaufgaben abschließen bzw. an denen Sie mit einer neuen Teilaufgabe beginnen wollen. Sie wissen dann, wie Sie Ihre Vorhaben realisieren können und dass Sie die Dinge im Griff behalten.

4.3 Den nächsten Schritt festlegen

Langfristige Planung ist eine hilfreiche Sache, aber **nicht alle Menschen erleben Pläne als stärkend und entspannend.** Wenn Sie eher jemand sind, der die Dinge auf sich zukommen lassen will und gern auch spontan entscheidet für welches Vorhaben die freie Zeit verwendet werden soll, ist die detaillierte gedankliche Vorstrukturierung eines Projekts möglicherweise eher hinderlich, weil Sie Widerstände auslöst. Dennoch sollten Sie, wenn Sie zu einer bestimmten Zeit (z.B. zum Semesterende) definierte Ziele erreichen wollen, einen Überblick darüber haben, wo Sie jeweils stehen und was bei den einzelnen Vorhaben als Nächstes zu tun ist.

Aktionen, die man nicht vorher festlegt, kann man nur schwerlich steuern. Unabhängig davon, wie genau Sie das Erreichen Ihrer Ziele vorstrukturieren, ist es umso wahrscheinlicher, effizient und ergebnisorientiert zu handeln, je eindeutiger und konkreter sie die folgenden Teilaufgaben definiert haben. Die erfolgreiche Organisation verschiedener Aufgaben berücksichtigt die Einzelaspekte der unterschiedlichen Vorhaben.

Wollen Sie alles, worum Sie sich bemühen, entspannt im Griff haben, müssen Sie sich angewöhnen, für alle Vorhaben (Klausur, Referat, Sprachkurs, Praktikum, Jobsuche oder Wohnungsrenovierung) **die jeweils nächsten Schritte**, die allernächste Handlung **definieren**: eine reale Tätigkeit, die Sie als nächstes in dieser Angelegenheit ausführen müssen.

Übung

Halten sie ein Vorhaben, das Sie gerade stark beschäftigt, schriftlich fest. Wenn Sie sich entschieden haben, beschreiben Sie in einem einzigen Satz, welches positive Ergebnis Sie für das Projekt erwarten. Was müsste eintreffen, dass Sie das Vorhaben als erledigt abhaken könnten?
Überlegen Sie dann, welche erste Handlung erforderlich ist, das Vorhaben umzusetzen. Notieren Sie die allererste Handlung um einen ersten Arbeitsschritt in Gang zu setzen.
Jetzt sollten Sie ein klein bisschen entspannter sein können und den Eindruck gewonnen haben, in der Angelegenheit wirklich etwas zu unternehmen.

Die geistige Vorwegnahme des Ergebnisses erleichtert ein Vorhaben zu planen. Den nächsten Schritt einer Aufgabe zu beschließen, steigert die Zielorientierung. Wenn man festlegt, mit welcher Tätigkeit die Umsetzung vorangebracht werden kann, fokussiert man Energien und richtet die Aufmerksamkeit. Die Selbstzufriedenheit nimmt ebenso zu wie das Gefühl von Leistungsfähigkeit, denn man bestätigt sich durch die Übereinstimmung von Absicht und Tun. Mit Hilfe Ihrer Ressourcen, zum Beispiel Ihrer Idee, wie Sie ein Problem anpacken können, verringern Sie den Abstand zwischen Ist und Soll.

→   Welche Vorhaben lassen sich mit welchen Ressourcen realisieren?
→   Welcher nächste Schritt bringt den erwünschten Zielszustand näher?

kurz und knapp

Das Geheimnis, in einer Sache voranzukommen, besteht im Anfangen. Wie Sie den ersten Schritt herausfinden, wissen Sie bereits: zerlegen Sie ein komplexes Vorhaben in kleine konkret definierte Teilaufgaben und bestimmen Sie den ersten Schritt, die erste Handlung. Ohne den nächsten Schritt zu kennen, bleibt eine potentiell große Lücke zwischen der aktuellen Wirklichkeit und dem Wunsch nach Realisierung. Das schafft Widerstand!

4.4 Teilaufgaben rechtzeitig beenden

Erst wenn die Möglichkeiten begrenzt sind, wird die Kreativität in Bahnen gelenkt und kann sich produktiv entfalten. Sie haben sicherlich schon erlebt, dass kurz bevorstehende Abgabetermine für eine Arbeit zwar belasten, aber auch Kräfte mobilisieren können. Vielleicht hätten Sie manchmal in solchen Situationen weniger zielorientiert gearbeitet sondern Zeit verplempert und wichtige inhaltliche Entscheidungen verzögert, wenn Sie nicht gewusst hätten, dass Sie nur noch wenige Arbeitsstunden dafür haben. Es gibt die Ansicht, dass sich Arbeiten in dem Maße ausdehnen, wie Zeit für ihre Ausführung zur Verfügung steht.

Nutzen Sie den Kick der Erregung, wenn die Zeit knapp wird und Sie handeln müssen. Das setzt Kreativität frei und hindert Sie an zauderlichem Abwägen von Möglichkeiten, Sie werden pragmatischer handeln und Ihre perfektionistischen Neigungen zügeln.

Tipp

Formulieren Sie für die einzelnen Arbeitsschritte eines größeren Projekts kurzfristige, aber realistische Zeitbegrenzungen. Besonders Tätigkeiten, die Sie anstrengend finden, Arbeitsschritte, die Ihnen schwer fallen oder unangenehm sind, sollten Sie von vornherein begrenzen.

Wenn es Ihnen schwer fällt, bei Arbeiten den Schluss-Strich zu ziehen, machen Sie Ihre Terminierung öffentlich! Sie können beispielsweise Mitbewohner, Freundinnen oder Ihre Arbeitsgruppe darüber informieren, wann Sie sich auf eine Fragestellung festgelegt haben wollen oder wann das Thesenpapier fertig sein soll. Damit bauen Sie mental und emotional klare Zielvorstellungen auf. Zudem wecken Sie Erwartungen bei anderen und den motivierenden Druck sozialer Kontrolle.

Setzen Sie sich nicht nur entsprechend Ihrer Projektplanung Zeitgrenzen, bis denen einzelne Teilaufgaben abgeschlossen sein sollten, sondern limitieren Sie auch die dafür nötigen Zeiteinheiten. Arbeiten Sie an den Aufgaben nicht länger als Sie es sich vorgenommen haben und **erledigen Sie ungeliebte Aufgaben zeitnah.** Wenn Sie in drei Wochen ein Gespräch bei einer Dozentin über eine Arbeit haben, sollten Sie sich in den Tagen davor Zeit einplanen, es vorzubereiten.

kurz und knapp

Zeitlimits erweitern nicht Ihre Fähigkeiten, aber begünstigen den effizienten Einsatz Ihrer Ressourcen. Wenn Sie für das Arbeitsvorhaben vorbereitet sind, Grundlagen und Methoden beherrschen, können Sie sich durch Zeitbegrenzung sowohl Entscheidungen erleichtern als auch eine ergebnisorientierte Arbeitshaltung stärken.

4.5 Motivation und Konzentration

Wie intensiv und konzentriert Sie sich um das Erreichen eines Ziels bemühen, ist von Ihrer Motivation abhängig. Sie beeinflusst, welche Ziele Sie sich setzen und mit welcher Ausdauer und Beharrlichkeit Sie diese verfolgen. Für das Studium ist das Leistungsmotiv besonders wichtig, es schwankt zwischen der Hoffnung auf Erfolg und der Furcht vor Misserfolg. Der Wunsch dazuzugehören, ist für das Studienverhalten außerdem ebenso wirksam wie auch das Bestreben Kontrolle über sich und die Umgebung zu erreichen. Die Gegenpole der beiden Motive sind Furcht vor Zurückweisung beziehungsweise vor Kontrollverlust.

Jeder Mensch ist von einer individuellen Motivstruktur geprägt, die seine Lebenswünsche bestimmen. Wenn Ihr Handeln sich in Übereinstimmung mit den Lebensperspektiven befindet, fühlen Sie sich wahrscheinlich wohl und zu weiteren   Anstrengungen bereit. Vielleicht haben Sie auch einen starken Aufstiegswillen, und wollen nach oben kommen. **Wie viel Einsatz Sie** dafür **aufbringen, hängt allerdings wesentlich von Ihrer Leistungsmotivation ab.** Grundsätzlich wird zwischen intrinsischer und extrinsischer Leistungsmotivation unterschieden. Wenn die Tätigkeit selbst die Quelle von Motivation ist, spricht man von intrinsischer Motivation. Bei extrinsischer Motivation liegt der Handlungsanreiz außerhalb der betreffenden Tätigkeit. Sie gilt in ihrer Wirkungskraft als schwächer. Sind beispielsweise allein die Noten der Anreiz für das Lernen, reicht die Motivation meist nicht für ein intensives Arbeiten, wenn besondere Schwierigkeiten dabei auftauchen.

Nach Untersuchungen neigen Schüler, die in erster Linie durch Belohnungen oder Anerkennung durch Dritte zum Lernen motiviert sind, dazu, das Ziel mit einem Minimum an Aufwand zu erreichen und die Arbeit abzubrechen, sobald der Ansporn wegfällt. Hingegen verfolgen Menschen mit intrinsischer Motivation das Ziel aus eigenem Antrieb, sind beim Arbeiten konzentrierter und lassen sich von Misserfolgen weniger leicht davon abbringen.

Es lohnt sich, sich bei langwierigen Aufgaben um ein Interesse zu bemühen, das über die Erledigung von Notwendigem hinausgeht.

> **Tipp**
>
> Ein Gespräch über das Thema oder die Aufgabe, zum Beispiel mit Ihrer Arbeitsgruppe, kann Sie anspornen mehr über das Thema zu erfahren und Ihnen damit die Arbeit erleichtern.

Eine andere Möglichkeit, intrinsische Motivation zu fördern ist, dafür zu sorgen, sich als kompetent zu erleben. Menschen haben das Bedürfnis, sich selbst in der Interaktion mit ihrer Umwelt zu erfahren und empfinden es als bestärkend, dabei eigene Fähigkeiten einsetzen zu können. **Ein Verhalten ist intrinsisch motiviert, wenn die Bedürfnisse nach Kompetenz und Selbstbestimmung erfüllt sind.** Wenn Studierende beispielsweise nach einigen Misserfolgen, die Übungsaufgaben in Statistik lösen können oder eine positive Rückmeldung für einen Essay bekommen, fühlen Sie sich gestärkt und zuversichtlich, weitere Fortschritte zu machen. Die Erfahrung Absichten realisieren zu können, löst ein Gefühl von Kompetenz aus. **Eine hohe Kompetenzerwartung, die Überzeugung mit den eigenen Lernhandlungen erfolgreich zu sein, wird als ein starker Faktor zur Vorhersage von Lernerfolg angesehen.** Sie hat Einfluss auf die Aufgabenwahl, das Durchhaltevermögen, die Anstrengungsbereitschaft und den Erwerb neuer Fertigkeiten.

Die Grundhaltungen motivierten Arbeitens:

- Neugierde, eine offene Haltung gegenüber den Fachinhalten und unbekannten Ideen einnehmen,
- das Wahrnehmen und Gestalten von Freiräumen,
- die Möglichkeit, sich an persönlichen Interessen zu orientieren,
- die Möglichkeit, eigene Ressourcen zu mobilisieren,
- Risikobereitschaft, sich an neue Aufgaben wagen,
- sich Fehler gestatten,
- sich Ziele setzen,
- sich selbst und anderen konstruktives und wohlwollendes Feedback geben,
- Kompetenzen und Selbstvertrauen ausbauen,
- das Studium als persönliche Chance begreifen.

Wenn Ihre Anstrengungen von dem Wunsch nach Erfolg motiviert sind, werden sie Ihnen leichter fallen, als wenn Sie mit Misserfolgen rechnen. Intellektuelle Unterforderung demotiviert ebenso wie intellektuelle Überforderung. Wenn Sie davon ausgehen, dass Sie eine Aufgabe nicht bewältigen können, müssen Sie sich entsprechende Unterstützung organisieren, um demotivierende Frustration zu vermeiden.

kurz und knapp

Motivierende Erfolgsorientierung und anspornendes Kompetenzerleben lassen sich entwickeln: Verschaffen Sie sich positive Erfahrungen und gehen Sie damit systematisch gegen hinderliche und entmutigende Einstellungen vor. Passen Sie Ihre Ansprüche an die Leistungsergebnisse Ihren tatsächlichen Möglichkeiten an. Sie sollten Arbeitsprozesse so gestalten, dass Sie die Chance haben, sie zumindest teilweise zu bewältigen. Suchen Sie sich also weder zu leichte noch zu schwierige Aufgaben aus, denn nur so können Sie ihr Kompetenzerleben stärken.

Aufmerksamkeit steuern!

Wenn eine Person von ihrer Tätigkeit vollkommen absorbiert ist, ihrer Beschäftigung mit einem freudigen Eifer nachgeht und hoch konzentriert ist, nennt man das „Im Flow Sein". Das Erleben von **Flow** gilt als besonderer Anreiz, sich Tätigkeiten zu widmen. Die durchgeführten Handlungen laufen flüssig und glatt, von positiven Gefühlen begleitet ab. Das lässt sich vor allem dann erreichen, wenn Aufgaben eine klare Zielstruktur besitzen, genaue und sofortige Rückmeldungen ermöglichen und die Anforderungen in einem Gleichgewicht zu den Fähigkeiten der Person stehen.

Fehlende Aufmerksamkeit verhindert bewusstes Erleben, Konzentration dagegen, die aktive Steuerung der Aufmerksamkeit auf ein Ziel hin, macht das Denken klar und vermittelt ein positives Selbstgefühl. Die Kapazität des Gehirns, Informationen wahrzunehmen und zu verarbeiten bleibt konstant. Die Konzentration lässt sich nur über die Aufteilung der geistigen Kapazität steigern, das Lenken der Aufmerksamkeit auf eine bestimmte Aufgabe.

Konzentriertes Arbeiten gelingt, wenn Sie einen Fokus für Ihre Aufmerksamkeit finden. Beim Lernen wird er durch das konkrete Lernziel für die aktuelle Arbeitsphase bestimmt, also das Behalten von bestimmten Vokabeln oder dem Lösen einer konkreten Übungsaufgabe.

Wie lernt man, in so einen Zustand zurück zu kommen, wenn Sie dabei sind, die Kontrolle zu verlieren, sich überlastet, unkonzentriert, genervt fühlen und unter dem Eindruck leiden, nicht weiterkommen?

Übung

Lehnen Sie sich zurück und entspannen Sie sich. Widmen Sie sich wieder Ihrer Aufgabe. Was waren die letzten Handlungen, was hatten Sie vor? Was stört Sie? Definieren Sie den nächsten konkreten Arbeitsschritt, den Sie unternehmen müssen und legen Sie das Etappenziel fest. Unterteilen Sie die Aufgabe in weitere kleine, sehr konkret umschriebene Aktionen und setzen Sie sich jeweils Zeitlimits von 20 bis 30 Minuten. Stellen Sie sich einen Wecker (Uhr oder Handy) und hören Sie mit dem Signal auf. Machen Sie eine Pause von fünf Minuten, nach einer zweiten Arbeitseinheit zehn Minuten. Nach der dritten, spätestens der vierten Arbeitsphase legen Sie eine längere Pause ein und sehen Sich danach Ihre jeweiligen Arbeitsergebnisse an. Überprüfen Sie, ob Sie Ihre Aufgabe wie geplant fortsetzen können, oder Ihre Planung (zeitlich oder inhaltlich) revidieren wollen.

Vorhandene Strukturen und Wissensnetze dienen Ihnen bei der Erarbeitung neuer Informationen als Orientierung. Das Zurückgreifen auf Bewährtes gibt auch bei der Steuerung und Kontrolle von Arbeitsabläufen Sicherheit und ermöglicht schnellere Reaktionen. Erfolgserlebnisse zeigen Ihnen, wo Ihre Stärken liegen und auf welche Ressourcen Sie in bestimmten Situationen aufgebaut haben. Wirksame Motivationsstrategien rufen positive Erfahrungen in Erinnerung und setzen so das Vertrauen in eigene Fähigkeiten mit den aktuellen Zielvorhaben in Zusammenhang.

→　Denken Sie an das letzte Mal, als Sie sich produktiv fühlten. Wissen Sie, was Sie genau getan haben, mit welchem Ziel? Möglicherweise hatten Sie den Eindruck alles im Griff zu haben, waren zuversichtlich, weitgehend auf das konzentriert, was Sie gerade taten, weder über- noch unterfordert, nicht gelangweilt und nicht aufgeregt.

→　Welche Bedingungen haben damals bewirkt, sich bei der Arbeit gut zu fühlen?

→　Führen Sie sich vor Augen, welches Ziel Sie gerade verfolgen. Mit welcher Absicht? Wie werden Sie sich fühlen, wenn Sie es erreicht haben werden?

Selbstmotivierung ist die Fähigkeit, für eine beabsichtigte Handlung ausreichend positive Gefühle aufzubauen und sich der eigenen Ressourcen zu versichern, um Ängsten und Zweifeln entgegenzuwirken. Wer sich bedauert oder beschimpft, kann sich nicht motivieren. **Suchen Sie nach Wahlmöglichkeiten in der Bearbeitung Ihrer Aufgaben**, so können Sie Ihre Aufmerksamkeit bewusst lenken und haben es später leichter, sich ihren Anteil an den Ergebnissen zuzuschreiben. **Der erste Schritt, Widerstände und Unkonzentriertheit zu überwinden ist eine möglichst selbstbestimmte Gestaltung der Arbeitsabläufe.** Machen Sie sich nicht zum Opfer, Sie wollen ein bestimmtes Ziel mit Ihren Kompetenzen erreichen!

Konzentrationsprobleme weisen auf Zielkonflikte hin: Andere Dinge, die nicht so sind, wie sie sein sollten, beanspruchen die Aufmerksamkeit. Wenn Ihre Gedanken abschweifen, deckt dies Unentschiedenheit auf (ich möchte oder ich sollte was anders tun), unerledigte Aufgaben (ich muss unbedingt) oder Schwierigkeiten mit der Tätigkeit bzw. ungelöste Aufgaben aus anderen Lebensbereichen. Kämpfen Sie nicht gegen die Störung an, sondern nehmen Sie den Hinweis auf.

Tipp

Es ist keine gute Idee, alles was Ihnen in den Sinn kommt sofort anzugehen. Das kostet Zeit und reißt Sie noch mehr aus Ihrer Tätigkeit. Vielmehr sollten Sie sich eine Notiz machen und sich zu einem späteren Zeitpunkt damit beschäftigen. Das Aufschreiben der ablenkenden Einfälle entlastet Sie natürlich nur, wenn Sie davon ausgehen können, dass Sie sich auch verbindlich darum kümmern.

Sie sollten auch überlegen, was der Störung vorausgegangen ist. Was haben Sie gerade getan, was wollten Sie tun? Vielleicht liegen in der Arbeit Anforderungen, die Sie unterschätzt haben. Vielleicht sind negative Gefühle und Anspannung die Folge gewesen, und diese der Anlass, Ihre Gedanken zu anderen (vielleicht einfacheren) Aufgaben zu lenken. **Nutzen Sie die Unterbrechung dazu, die Störung zu identifizieren, dann gelingt es leichter, wieder in eine offene und entspannte Arbeitshaltung zurückzufinden.**

Intellektuelle Arbeitsverläufe werden durch mentale Vorgänge leicht irritiert. Anders als beim Holzhacken, wo ja ein leichteres Ausmaß an Ärger förderlich sein kann und zu mehr Schwung verhilft, ist das beim Vokabellernen ganz anders. Da wird das Ärgergefühl ablenken und dazu verführen, den Grund auszumachen und schon sind Sie dabei über den gestrigen Streit in der Wohngemeinschaft nachzudenken. Diese Gedanken sollten Sie stoppen und sich stattdessen einen knappen Hinweis notieren, um später noch einmal ausführlicher über das Streitgespräch nachzudenken.

Geistige Konzentration, Denkvermögen und Gedächtnisleistungen balancieren zwischen Phasen von bewusster Aufmerksamkeit und Phasen von eher ungerichteter Aufmerksamkeit, in denen die Gedanken umherschweifen und assoziative Verknüpfung suchen. Auf diese Weise wirken die bewusst kognitiven und die intuitiv unbewussten Prozesse zusammen. Das entspricht den körperlich bedingten **Rhythmen zwischen Anspannung und Entspannung.** Sie kennen das vielleicht: Sie haben lange über den Aufbau einer Argumentationslinie gegrübelt und endlich eine Lösung entdeckt. Plötzlich haben Sie das Bedürfnis sich zu strecken, umherzulaufen, wollen etwas essen. Das liegt an der Ausschüttung eines Entspannungshormons. Sie sollten in solchen Fällen durchaus flexibel reagieren und eine kleine Pause machen, **nachdem** Sie die gefundene Lösung kurz skizziert haben. Danach werden Sie Ihre Gedanken klar und konzentriert formulieren können.

Die konzentrative Einstimmung auf die Ausführung von Handlungen wird im Sport gezielt eingesetzt, um Lernzeiten zu verringern aber auch um Selbstvertrauen und Ausdauer zu erhöhen. Gezielte **Entspannungs- und Selbstsuggestionstechniken** setzen unterstützende emotionale, kognitive und motivationale Prozesse in Gang. Beispielsweise werden selbstbekräftigende Aussagen, wie: „Ich schaffe das!" oder: „Ich werde mich konzentrieren und dann erfolgreich sein!" in Trainingssituationen systematisch mit Handlungsabläufen verbunden. Am wirksamsten sind positive Selbstaussagen, die sich direkt auf eigene Kenntnisse und gute Erfahrungen beziehen. Wenn Sie solche Sätze immer wieder leise sprechen, verstärken Sie das Vertrauen in sich selbst und wirken aufkommenden Selbstzweifeln entgegen. Schreiben Sie solch einen Satz auf und legen ihn sich ins Portemonnaie!

Die „Konzentration in der Zeit", die Aufmerksamkeit auf die im Augenblick zu verrichtende Tätigkeit auszurichten, ohne an vorangehende oder nachfolgende Ereignisse zu denken, ist eine zentrale Übung beim mentalen Training. Sie fokussiert die Aufmerksamkeit auf einen Handlungsablauf, um Konzentration und Leistungsfähigkeit zu verbessern. Trainiert wird, bewusst zwischen verschiedenen Modi der Wahrnehmung wechseln zu können, zwischen nach innen und nach außen gerichteter Aufmerksamkeit. Hinweise zu den Techniken des mentalen Trainings finden Sie auf den Internetseiten des Bundesinstituts für Sportwissenschaft: www. bisp-sportpsychologie.de

Tipp

Mentales Training lässt sich auch für das Optimieren von Studienleistungen einsetzen. Durch geistige Vorwegnahme der nächsten Arbeitssequenzen können Sie lernen, sich zu fokussieren und sich gegen Ablenkungen abzuschirmen.

Ihre Konzentration verbessern Sie, wenn Sie Rituale mit dem Beginn einer Tätigkeit verknüpfen. So wie Hochspringer die Fäuste ballen, die Oberarme anspannen und tief durchatmen, bevor Sie ihren Anlauf starten, können auch Sie eine Abfolge von einstimmenden und konzentrationsfördernden Handlungen vor dem unmittelbaren Anfangen ausführen. Gut geeignet sind dazu kleine Übungen, wie die Arme wechselnd verschränken, auf ein Blatt Papier großzügige querliegende Achten zu zeichnen oder Überkreuzbewegungen (abwechselnd linkes Bein und rechte Hand sowie rechtes Bein und linke Hand).

kurz und knapp

Um Ihre Arbeit motiviert und konzentriert erledigen zu können, müssen Sie in Ihre Arbeit investieren. Durch eine aktive Einstellung, Kompetenzerfahrungen und selbstbestimmte Gestaltung von Arbeitsabläufen können Sie Motivation und Konzentration verbessern. Nutzen Sie, falls Sie mit Ihren Lernstrategien nicht zufrieden sind, die Trainings- und Coachingangebote der Psychologischen Beratungen und Studienberatungen Ihrer Hochschulen. Die Inanspruchnahme von Expertenhilfe ist ein äußerst kompetentes Vorgehen!

4.6 Verantwortung und Selbstdisziplin

All die bisher angeführten Arbeitsbedingungen und mentalen Voraussetzungen, die ein motiviertes, zielgerichtetes Arbeiten begünstigen, entfalten ihr Potenzial, wenn Sie voll hinter Ihren Handlungen stehen. Ihr Entschluss, sich um die Erarbeitung der Fachinhalte zu bemühen und die Anstrengungen des Lernens auf sich zu nehmen, ist die grundlegende Voraussetzung.

Zweifel an der Entscheidung und vorübergehende Motivationsprobleme im Studium sind völlig normal. Je mehr Sie über das Studium, die Lernerfordernisse und die Fachkultur erfahren, desto größer ist die Wahrscheinlichkeit, die Festlegung für das Fach noch einmal überdenken zu wollen. Vielleicht fühlten Sie sich dazu gedrängt, eine universitäre Ausbildung zu beginnen. Es gibt neben den Wünschen und Empfehlungen der Familie viele Argumente die dafür sprechen und möglicherweise standen Sie unter einem gewissen sozialen Druck durch Ihre Freundinnen und Freunde. Dennoch ist das Studium nicht unausweichlich, und Sie hatten Gründe zuzustimmen.

Der Hinweis auf Ihre Verantwortung für die Studienwahl soll Ihnen nicht die Berechtigung absprechen, sich lustlos bei der Arbeit zu fühlen oder niedergeschlagen zu sein, weil Sie die Schufterei vergeblich finden und die Fortschritte für zu gering erachten. Vielmehr sollen Sie bestärkt werden, bestehende Ambivalenzen zu klären. Grundsätzliche Zweifel an einer Tätigkeit schränken die Leistungsmöglichkeiten erheblich ein. **Dau-**

erhafte **Motivationsprobleme sind ernst zu nehmen**, in solchen Phasen lässt es sich nicht ungestört lernen.

→ Machen Sie sich Ihre Motive zum Studium und zum jeweiligen Fach klar, Ihre Interessen, Fähigkeiten, Fertigkeiten, Werte und Ziele!

→ Übernehmen Sie für Ihre Entscheidung die Verantwortung: Das heißt, Sie haben auch die Freiheit sich dagegen zu verhalten!

→ Besonders bei Motivationstiefs sollten Sie sich bewusst machen: Sie müssen nicht studieren, Sie haben sich dafür entschieden!

Verantwortung ist eine soziale Kategorie, die auf Beziehungen zu anderen und zu sich selbst abhebt und impliziert, (sich) über die Folgen seines Handelns Rechenschaft abzulegen. **Sie sind nicht verpflichtet, etwas Bestimmtes zu erreichen, wohl aber haben Sie eine (Selbst-)Verpflichtung sich um die Aufgaben aktiv zu kümmern, für Sie sich entschieden haben.** Reflektieren Sie Ihre Einstellungen Ihrer Arbeit gegenüber besonders dann, wenn Sie Ihnen schwer wird. Beharrlichkeit – auch im Verstehenwollen von Unlustgefühlen – ist eine wichtige Eigenschaft erfolgreichen Selbstmanagements.

Es ist für die meisten Menschen wesentlich leichter, anderen zu gehorchen, als sich selbst. Sie müssen sich sicherlich manches Mal gut zureden, wenn Sie sich an eine Lernaufgabe setzen. Verantwortung für die selbstgetroffenen Entscheidungen zu übernehmen, erfordert **Selbstdisziplin, die Bereitschaft nicht den Weg des geringsten emotionalen Widerstands zu gehen**, sondern den eigenen Zielsetzungen zu entsprechen.

Selbstdisziplin betrifft die Balance zwischen Freiheit und Struktur, zwischen Zwanglosigkeit und Nachlässigkeit. Mit Disziplin werden meist negative Erinnerungen verknüpft: Freiheitsbeschränkung, Verbote und den Druck gegen die eigenen Gefühle zu handeln. Selbstdisziplin verlangt keinen willkürlichen Zwang gegen sich selbst, sondern ist an den individuellen Zielen orientiert, erfordert aber den bewussten Ausgleich zwischen widerstreitenden Tendenzen. Es geht nicht darum voller Unlust und negativer Spannung Dinge zu tun, sondern die Unlust zu überwinden, indem Sie sich die positiven Konsequenzen der beabsichtigten Arbeit bewusst machen. Setzen Sie Ihre Fähigkeiten für die Arbeitsziele gezielt ein und sorgen Sie dafür, Ihren unterschiedlichen Interessen gerecht zu werden, also auch den konkurrierenden Absichten Aufmerksamkeit zu widmen – zu einem festgelegten, späteren Zeitpunkt!

kurz und knapp

Denken Sie an Ihre Idealvorstellung von sich selbst und begreifen Sie sich als Handelnde/r und nicht als jemand, der vorrangig Erwartungen anderer zu erfüllen hat. Machen Sie sich bewusst, dass Sie Ihre gegenwärtige und zukünftige Lebensqualität entscheidend beeinflussen können. Motivation und eine disziplinierte Herangehensweise versprechen Erfolg!

4.7 Stress und Entspannung

Aktuelle Stimmungen beeinflussen die Wahrnehmung, die Gedächtnisleistung und die Kreativität. Beunruhigung, Angst, großer Stress engen die kognitiven Fähigkeiten ein, während dagegen in positiver Stimmung vieles besser und leichter gelingt. Unangenehmer, belastender Stress ist eine Reaktion auf einen äußeren Reiz. Aber nicht der Stimulus ist stressauslösend, sondern das individuelle Reaktionsmuster auf den Reiz, die damit verbundenen Erwartungen und Anforderungen. Jeder konstruiert sich gewissermaßen seine eigenen Bedingungen für Stress. Deshalb ist es für die Stressbewältigung wichtig, sich die verursachenden Faktoren und die individuelle Bewertung bewusst zu machen, also die Stress-Auslöser von den persönlichen Reaktionen zu trennen.

Stressreaktionen sind Teil der Persönlichkeit, wie auch die individuellen Bewältigungsstrategien. Sie sind abhängig von der sozialen Kompetenz und den Fähigkeiten, inneres Erleben und Spannungen wahrzunehmen und zu regulieren. Erfolgreiche Bewältigungsstrategien halten gesund und erhöhen die Lebensqualität.

Mangelnde Kontrolle, Organisation, Steuerungsmöglichkeiten von Arbeitsabläufen machen dagegen Angst, hilflos und setzen unter Druck. Von dem als negativ empfunden, belastenden Stress, Distress, lässt sich ein positiv erlebter, aktivierender Stress, Eustress, unterscheiden. Dieser hat leistungssteigernde Wirkung, ähnlich wie ein kurzzeitiges leichtes Angstgefühl. Anspannung, beunruhigende oder ängstigende Gedanken dienen dann als Signal, die Aufmerksamkeit zu erhöhen und als Wegweiser, sich um konstruktive Lösungen zu bemühen.

Diese Funktion von Stress ist zweckmäßig, um frühzeitig angemessene Reaktionen für die auslösende Situation zu finden oder um belastendes Verhalten zu unterbrechen und umzulenken. So sollten Sie, statt bei einem auftretenden Arbeitsproblem (einer misslingende Beweisführung oder Argumentation) hektisch nach Fehlern und untauglichen Prämissen zu suchen und unkoordiniert herumzuexperimentieren, zuerst eine Pause einlegen. Entspannen Sie sich, atmen Sie ruhig durch und überdenken Sie anschließend systematisch die letzten Arbeitsschritte.

Übung

So können Sie in schwierigen und anstrengenden Arbeitssituationen inneren Stress abbauen:
- Wechseln Sie die Perspektive! Betrachten Sie sich aus einer entfernten Position, suchen Sie gedanklich einen Ort, von dem aus Sie sich sehen. Stellen Sie sich vor, Sie schauen vom Schrank auf sich vor dem Schreibtisch sitzend. Was sehen Sie? Was hören Sie?
- Überlegen Sie nun aus der distanzierten Position heraus, was die vor Ihnen sitzende Person wahrnehmen müsste, um aus der Situation heraus zu kommen. Was müsste die Person sehen, hören, spüren, um die Situation zu meistern?
- Wenn Ihnen einiges aufgefallen ist und Sie Ideen gesammelt haben, schlüpfen Sie wieder in Ihr Ich zurück und machen Sie sich die Eindrücke bewusst. Lassen Sie sich auf Ihre Empfindungen ein und achten Sie darauf, wie sich das innere Erleben verändert.
- Überlegen Sie, an was Sie sich in Zukunft in ähnlichen Situationen erinnern können, um frühzeitig Anspannung und inneren Stress zu mindern.

Wenn Sie den ersten Schritt der Übung trainieren, können Sie in anstrengenden Arbeitssituationen, zum Beispiel während einer Klausur gut von diesem Vorgehen profitieren.

Stress verändert die Zeitwahrnehmung, es kommt dabei, je nach Persönlichkeit zu Überschätzungen oder Unterschätzungen der für die zu erledigenden Aufgaben benötigten Zeit. Es ist hilfreich zu wissen, ob man dazu neigt, optimistisch die Zeit zu unterschätzen und die eigene Leistungsfähigkeit überschätzt, oder ob man eher entmutigt ist und sich voreilig auf verlorenem Posten fühlt. Damit Stress positiv, motivierend wirken kann, müssen Sie Ihre Verhaltensweisen in Stress-Situationen einschätzen lernen. Das Gefühl keine Zeit zu haben, ist eine Folge von Stresserleben. Um aus dem Gefühl der Überlastung und hoffnungslosem Ankämpfen gegen Zeitknappheit zu entkommen, sollten Sie zur Erledigung Ihrer Aufgaben großzügig Pufferzeiten vorsehen und sich an die Empfehlung

Stressfragebogen

Notieren Sie, wie oft einzelne Stressquellen auftreten und wie sehr Sie sich gestört fühlen. Bezogen auf die Häufigkeit vergeben Sie für nie (0), manchmal (1), oft (2), sehr oft (3) Punkte und bewerten Sie die Stressoren mit nicht störend (0), kaum (1), ziemlich (2) und sehr störend (3). Wenn Sie dann jeweils die Punkte für Häufigkeit mit den Punkten für Bewertung multiplizieren, erkennen Sie, wie stark Sie sich durch die einzelnen Stressfaktoren belastet fühlen.

Mögliche Stressoren	Häufigkeit	Belastung	Bewertung
Termindruck			
Zeitnot			
Unklare Prioritäten			
Konkurrenzdruck			
Kritik			
Zu viele Informationen			
Neue Anforderungen			
Lärm			
Hohe Selbstansprüche			
Mangelhafte Unterstützung			
Fehlende Vorbereitung			

erinnern, bewusst und von übergeordneten Kriterien geleitet, zwischen minimalen und maximalen Leistungsanforderungen zu unterscheiden.

Gute Bewältigungsstrategien setzen voraus, dass Sie wissen, was Sie unter Druck bringt. Versuchen Sie, die Anzeichen für negativen Stress zu erkennen, um beizeiten gegensteuern zu können! **Woran erkennen Sie, wann Sie unter Stress geraten?** Werden Sie zappelig, schlafen Sie schlecht oder geraten Sie schnell in Streit? Wenn Sie wissen wollen, welche der möglichen Stressauslöser sich für Sie störend oder belastend auswirken, gehen Sie den Fragebogen durch und bewerten Sie die angeführten Situationen.

Beantworten Sie diese Fragen öfters, um festzustellen, ob die Selbstanalyse Ihrer Stressbelastung Konsequenzen auf Ihr Verhalten hat! Nehmen Sie sich vor, die eine oder andere Stressquelle zu verringern!

Die Fähigkeit, Energie für anstehende Aufgaben bereitzustellen, steht mit der Fähigkeit, sich zu entspannen in direktem Zusammenhang. Achten Sie nicht nur auf Selbstdisziplin, sondern lassen Sie auch mal locker. Ein gutes Lebensgefühl hat mit Wechsel von Spannung und Entspannung zu tun, mit einer gut verträglichen Mischung von Aufregung und Erholung.

Tipp

Wenn Sie merken, dass Sie leicht erschöpft sind oder schlecht schlafen, führen Sie zwischen Arbeitsphasen und vor dem Zubettgehen, Entspannungsübungen durch.

Sich zu entspannen lässt sich leicht lernen und damit, effektiv Erregungssymptome zu regulieren. Es gibt eine Fülle von Entspannungstechniken, beispielsweise das Autogene Training, die progressive Muskelanspannung nach Jacobsen oder Yoga. Um sich in Momenten von innerer Unruhe wirksam entspannen zu können, müssen Sie etwas üben. Kurse gibt es in den Beratungsstellen an Hochschulen, in Volkshochschulen. Manche Krankenkassen versenden auch Disketten mit Anleitungen oder Links, so dass Sie Instruktionen auch auf Ihren MP 3 Player downloaden können.

Legen Sie sich ein kleines Repertoire von Anti-Stress oder Entspannungsübungen zu, die Sie beispielsweise auch in der Bibliothek durchführen können. In den kurzen Pausen zwischen Arbeitsschritten oder wenn Sie feststecken und in Gefahr kommen, sich innerlich aufzuregen.

Übung

Drei Übungen, die Sie überall in einer Stress-Situation einsetzen können:
- Wechseln Sie die Wahrnehmungsebene um zu entspannen: Achten Sie beispielsweise jetzt, wo Sie diesen Text lesen darauf, wie Sie atmen, wie fühlt sich Ihr Atem an? Atmen Sie gerade mehr in die Brust oder in den Bauch? Wenn Sie sich auf Ihre Atmung konzentrieren, einige Male bewusst ein und aus atmen, können Sie ruhiger atmen und bemerken, wie sich das in Ihrem Körper auf die Spannung in den einzelnen Muskeln auswirkt.
- Schließen Sie die Augen, lehnen Sie sich entspannt zurück. Lassen Sie beide Arme locker hängen und drehen Sie die Handflächen nach außen. Konzentrieren Sie sich auf Ihre Daumen und atmen Sie im Rhythmus tief ein und aus (bei der Auswärtsbewegung einatmen, wenn Sie die Handfläche wieder nach innen drehen, ausatmen). Halten Sie den Atem nach dem Einatmen kurz an.
- Stellen Sie sich hin, oder setzen Sie sich aufrecht, mit geradem Rücken. Lassen Sie beide Arme entspannt hängen und kreisen Sie mit beiden Schultern kräftig vorwärts. Die Kreise sollen möglichst groß sein und langsam ausgeführt werden. Das entspannt die obere Rückenmuskulatur. Nach einer Weile kreisen Sie die Schultern in die entgegen gesetzte Richtung.

Möglichkeiten sich gut zu entspannen sind der beste Schutz vor destruktivem Verhalten, wie den übermäßigen Gebrauch von Nikotin, Alkohol, Psychopharmaka oder Cannabis.

kurz und knapp

Stress entsteht aus Angst und Anspannung. Im Studium führen mangelnde Kontrolle, schlechte Organisation und geringe Methodenkompetenz zu erhöhtem Stress. Wenn gestellte Anforderung nicht bewältigbar erscheinen, wenn man sich zu viel vorgenommen hat oder sich (intellektuell) überfordert fühlt, erlebt man negative Spannungen. Der Ausweg ist, sich die Überlastung einzugestehen und die entsprechenden Konsequenzen zu ziehen: Aufarbeitung von Defiziten oder eine veränderte Arbeitsplanung. Versuchen Sie, die Anzeichen für negativen Stress zu erkennen, um beizeiten gegensteuern zu können!

Was nehme ich mir vor?
Damit Stress motivierend wirken kann, sollten Sie Ihre Verhaltensweisen in Stress-Situationen einschätzen und regulieren lernen . Wie könnten Sie auf Belastungssituationen reagieren, um gelassen zu bleiben?

5. Den guten Vorsätzen Taten folgen lassen

Viele der Empfehlungen, die Sie bisher lesen konnten, sind Ihnen wahrscheinlich nicht neu. Zudem haben Sie intuitiv selbst Vorstellungen davon, wie Sie Alltag und Studium besser managen könnten. Viel schwieriger als die Einsicht, welche Verhaltensmuster und Einstellungen sich ungünstig auswirken, ist die Umsetzung von als sinnvoll erachteten alternativen Verhaltensweisen. Wenn sie beschließen, Ihre Alltags- und Arbeitsroutinen zu verändern, gelingt das nicht nebenbei, sondern erfordert Selbstbeobachtung und Geduld. Mit einem wohlwollenden Coach zur Seite lassen sich Unlustgefühle überwinden und neue Arbeitstechniken ausdauernd einüben. Übernehmen Sie diese Rolle für sich und unterstützen Sie sich darin, Ihren Vorstellungen einer guten Studienzeit näher zu kommen.

Das Studium dient dem Ziel, fachspezifische Methoden und Techniken beherrschen sowie Arbeits- und Lernprozesse selbst steuern zu lernen. Kompetenzen aufzubauen und in der Ausübung reflexiv den jeweiligen Anforderungen anzupassen ist professionelles Handeln. Professionalität ist mehr als die Anwendung von Erkenntnissen, es ist die individuell geprägte Realisierung von Wissen und Fertigkeiten. In diesem Kapitel erfahren Sie, wie Sie Ihr Studienverhalten professionalisieren können.

5.1 Sich selbst coachen

Coaching ist eine Beratungsform, die erwünschte Entwicklungen in Gang setzen und aufgabenbezogene Problemlösungen ermöglichen will und sich ausdrücklich an den individuellen Bedürfnissen, Werthaltungen und Erfordernissen orientiert. Coaching wird im Berufsalltag zur Erhöhung von Lebensqualität und beruflichem Erfolg genutzt und ist im Leistungssport unerlässlich.

Ein Coach übernimmt die Funktion sowohl die Anforderungen eines angestrebten Verhaltens genau zu untersuchen als auch die Voraussetzungen, derer es bedarf ihnen zu entsprechen. Er **trainiert im Besonderen die mentalen Fähigkeiten und Fertigkeiten.** Um im Beispiel des Sports zu bleiben: Wenn der Coachee sein Ziel definiert hat, schlägt ein Coach (und Trainer) die Techniken vor, die erlernt werden müssen, stellt Übungen für das individuelle Kraft- und Ausdauertraining zusammen, bespricht die erreichten Leistungen regelmäßig und diskutiert Verbesserungsvorschläge. Eine zentrale Aufgabe liegt im Aufbau von Motivation, Leistungswillen und Frustrationstoleranz. Ein Coach sorgt für Zuversicht, achtet aber darauf, dass der Coachee seinen jeweiligen Leistungsstand realistisch einschätzt.

Die Aufgaben des Coachs:

- Leistungsstand feststellen
- Leistungsziele definieren
- Trainingsplan aufstellen
- Klare Absprachen treffen
- Für Konditionsaufbau sorgen
- Techniken vermitteln
- Energien fokussieren
- Regelmäßig Rückmeldung geben
- Verbesserungsvorschläge ausarbeiten
- Übungsstrategien optimieren
- Motivation stärken
- Zuversicht aufbauen
- Realistische Selbsteinschätzung vermitteln

Beim Selbstcoaching übernehmen Sie all diese Funktionen: Die kontinuierliche arbeitsbezogene Selbstreflexion befähigt Sie, Aufgaben effizienter zu erledigen und die Arbeitsprozesse so zu gestalten, dass eigene Bedürfnisse mit den gestellten Anforderungen im Einklang sind.

Tipp

Der Ausgangspunkt für Ihr Selbstcoaching ist das Verhalten, das Sie als ungenügend erkannt haben, der Zielpunkt beschreibt, wie Sie gerne Ihre Aufgaben bewältigen möchten.

Das Erweitern der Wahrnehmung durch Pendeln der Aufmerksamkeit zwischen tatsächlichem und erwünschtem Verhalten, das Erkennen von Handlungsoptionen sowie der Rückgriff auf eigene Stärken (Ressourcenaktivierung) sind die Instrumente des Coachings. Wenn Sie mit Arbeitsabläufen unzufrieden sind, streben Sie nach Verbesserungen. Sie brauchen sowohl Einsichten über Ihr aktuelles Verhalten als auch über Möglichkeiten der Veränderung. Suchen Sie nach Ansatzpunkten, um Ihr Verhalten zu verändern!

Fragen, die Optionen eröffnen:

- Was würde mich heute dabei unterstützen, mit mehr Zuversicht an meinem Vorhaben zu arbeiten?
- Wie könnte ich mir die Arbeit heute besser einteilen?
- Gibt es verschiedene Vorgehensweisen, das Projekt zu bearbeiten?
- Wie könnte ich mir alternative Methoden erarbeiten?
- Wer könnte mich dabei unterstützen?
- Welche Gestaltungsfreiräume bestehen für mich, die Aufgabe zu erledigen?
- Was könnte ich heute tun, dass mir die Arbeit mehr Spaß macht?
- Welche Möglichkeiten stehen mir offen, damit ich am Abend entspannt und zufrieden bin?
- Was könnte ich tun, um mich besser zu konzentrieren?
- Gibt es etwas, womit ich mich auf die anstehenden Aufgaben vorbereiten kann?
- Welche Herausforderung, die mir etwas bedeutet, kann ich in meiner gegenwärtigen Tätigkeit entdecken?

Selbstveränderungsprozesse werden durch konkrete Vorstellungen des Zielzustandes in Gang gesetzt. Im zweiten Schritt werden das Ausgangsverhalten analysiert und die bestehenden Schwierigkeiten identifiziert. Wie Sie Organisation und Durchführung Ihrer Alltags- und Studienziele bewerten und bei Bedarf optimieren können, ist in den vorangehenden Kapiteln beschrieben. Die Ressourcen, Ihre Fähigkeiten und die Zeit, die für den Aufbau neuer Kompetenzen zur Verfügung stehen, sollten Sie anschließend abwägen um festzustellen, ob die Zieldefinition beizubehalten ist.

Fassen Sie keine übertriebenen Beschlüsse, wie Sie Ihre Visionen eines geglückten Studentenlebens in Ihre Lebenspraxis umsetzen wollen. Sie erhöhen damit Ihre inneren Widerstände und bereiten sich Enttäuschungen. Gehen Sie, wie bei jeder guten Projektplanung, kleinteilig vor und definieren Sie realistische Etappenziele!

Tipp

Üben Sie neue Verhaltensweisen ein, das sorgt dafür, dass Handlungssalternativen dauerhaft im Gedächtnis gespeichert werden: eine gute Voraussetzung für weiteres Umlernen!

Ein wesentliches Element von Coaching ist der häufige Rückblick. Die regelmäßige Einschätzung des Erreichten eröffnet die Chance aus der Erfahrung heraus die nächsten Veränderungsschritte konstruktiv zu gestalten. Durch den Vergleich der Wirkung des Handelns mit den ursprünglichen Absichten, können Abweichungen bemerkt und Fehler korrigiert werden. **Seien Sie experimentierfreudig und diszipliniert:** Ohne Spontaneität droht Erstarrung, und ohne Selbstkontrolle lassen sich spontane Veränderungen nicht verstetigen, auch dann nicht, wenn sie zweifelsfrei als Verbesserung eingeschätzt werden.

Um die Überzeugungen aufbauen zu können, eigenes Lernverhalten wirksam gestalten zu lernen, müssen Sie Ihre Fortschritte wahrnehmen. Sichern Sie durch Verlaufskontrollen die Ergebnisse Ihres Einsatzes und gönnen Sie sich Gefühle von Zufriedenheit – auch über kleine Lernerfolge! Profitieren Sie von der positiven Gefühlsstimmung, die eintritt, weil man sich auf dem erwünschten Weg weiß! Verlangen Sie sich keine perfekte Umsetzung der neuen Strategien ab. **Meist setzen sich Verhaltenskompromisse durch, eine Mischung aus Ihren bisherigen Gewohnheiten und alternativen Ansätzen.** Wenn Sie mit den Ergebnissen gut leben können, sollten Sie erst einmal diese individuell gefundene Herangehensweise etablieren, bevor Sie nach perfekteren Lösungen streben. Schrauben Sie bei Erfolgen die Ansprüche nicht immer höher, Sie brauchen auch Reservekapazitäten.

Aufzeichnungen über das eigene Verhalten haben sich bei der Bewältigung von Problemen als äußerst hilfreich erwiesen. Denken Sie an die Möglichkeiten, die im Führen von *Arbeitsjournalen* oder *Lerntagebüchern* liegen. Achten Sie besonders auf die kritischen Punkte, an denen das beabsichtigte, als günstig erkannte Verhalten abbricht und sich die alten Routinen wieder einschleichen.

kurz und knapp

Selbstcoaching erfordert Selbstaufmerksamkeit, einen klaren Einblick in Arbeitsabläufe, eine wohlwollende Haltung und Wissen über alternative Handlungsmöglichkeiten. Die Perspektive des Coachs lenkt die Aufmerksamkeit von den Problemen der Vergangenheit auf Ressourcen und unterstützt die Suche nach neuen Ideen. Der Blick wird lösungsorientiert auf die Zukunft gerichtet, um erreichbare Zwischenziele im Veränderungsprozess zu formulieren. An diesen orientiert lassen sich konkrete Handlungsentscheidungen ableiten. Die Fähigkeit, aus einer Problembetrachtung auf neue Ideen zu kommen mit der Bereitschaft, diese zu erproben und bisheriges Handeln in Frage zu stellen, ist die Kompetenz, sich selbst zu coachen!

5.2 Mit Gewohnheiten brechen

Selbstveränderung erfordert Energie und Willenskraft, Sie müssen Routinen und Sicherheiten aufgeben. Gewohnheiten sind das Ergebnis von Lernprozessen, in denen der Ablauf geeigneter Handlungen für bestimmte Situationen erworben und abgespeichert wurde. Darin liegt ihre entlastende Funktion.

Schlechte Angewohnheiten sind Verhaltensmuster, die Ihnen nicht (mehr) helfen Ihre Ziele zu erreichen, sie sind der Situation nicht mehr angemessen. Zum Zeitpunkt, zu dem sich das Verhalten herausgebildet hatte, besaß es vermutlich Vorteile. Entweder hatte es genau den Zweck erfüllt, der beabsichtigt war oder es diente als Ersatzhandlung, die vor negativen Gefühlen geschützt hat: vor Kränkungen, Demütigungen, Anstrengungen und Missempfinden. So kann es in der Schule nützlich gewesen sein, Lernstoff einfach auswendig zu lernen, auch wenn Sie ihn nicht verstanden hatten. Wirkliche Transferleistungen waren nicht nötig. Im Studium hilft der Trick, im Notfall alles auswendig zu lernen, in vielen Fächern nicht mehr zum gewünschten Erfolg. Vielleicht bestehen Sie Ihre Klausuren, aber wahrscheinlich erreichen Sie auf diese Weise kein wirkliches Erfolgserlebnis. Sie brauchen also eine andere Strategie.

> **Tipp**
>
> Wenn Sie Reaktionen von sich in bestimmten Situationen als störend empfinden, sollten Sie zunächst nachdenken, wie sich das Muster herausgebildet hat. Lernen Sie zu differenzieren, wann das Verhalten angebracht war und warum es manchmal schadet. Wenn Sie dies verstanden haben, werden Sie sich das ungünstige Verhalten leicht abgewöhnen!

Viele Angewohnheiten, die man sich in der Schule erworben hat, beziehen sich nicht auf Arbeitsmethoden sondern auf die Arbeitsorganisation. Vielleicht war es damals nicht nötig, das Lernpensum einzuteilen und Lernzeiten zu planen, weil es Ihnen gereicht hat, kurz vor den Klassenarbeiten den Inhalt einzupauken. Sie haben sich angewöhnt, auf den letzten Drücker zu lernen und fühlten sich durch gute Ergebnisse in diesem Vorgehen bestärkt. Dieses Vorgehen wird im Studium langfristig nicht zum Ziel führen und kann mit dem Nachteil verbunden sein, dass sie keine ausreichend gute Grundlagen erwerben, um vertiefendes Interesse an Ihrem Studienfach zu erlangen. Dieses brauchen Sie aber, wenn Sie in Hinblick auf berufliche Optionen ein Qualifikationsprofil aufbauen wollen.

> **Übung**
>
> Denken Sie an Ihre Arbeitsgewohnheiten oder sehen Sie sich Ihre Notizen an: Mit welchem Verhaltensmuster sind Sie nicht zufrieden? Überlegen Sie weiter: Was stört Sie an der Vorgehensweise? Wann haben Sie diese Angewohnheit entwickelt, was war damals vorteilhaft? Warum ist diese Arbeitsweise heute eher nachteilig? Treffen Sie eine Entscheidung darüber, was Sie an dieser Angewohnheit und der dazugehörenden Haltung verändern wollen. Beschreiben Sie detailliert, wie eine zielführende Verhaltensalternative aussehen kann! Legen Sie fest, wann Sie in welcher Situation mit welcher konkreten Aktion beginnen!

Die Möglichkeit, sich selbst zu coachen und innere Barrieren bei der Realisierung der Veränderungsabsichten zu überwinden setzt Fähigkeiten zur Selbststeuerung oder Selbstführung voraus. Die Kenntnisse und Fertigkeiten, die notwendig sind, um die eigenen Motive auszugleichen und das eigene Verhalten steuern zu können, sind nicht bei allen Menschen hinreichend ausgeprägt. Folgende Persönlichkeitsmerkmale gelten als unterstützend, eigenes Verhalten den Bedürfnissen und Zielen gemäß umzugestalten.

Gute Voraussetzungen zu Selbststeuerung hat:

- wer sich als aktiv, initiativ, als „Macher" erleben kann und das Gefühl hat, auf sich und sein Umfeld Einfluss zu haben. (Kontrollüberzeugungen)
- wer nach Selbstbestimmung und Selbstverwirklichung strebt. (Unabhängigkeitsstreben)
- wer gut mit Situationen zurecht kommt, die wenig strukturiert oder reglementiert sind und individuell ausgestaltet werden können. (Ungewissheitstoleranz)
- wer bereit ist, kalkulierbare oder mittlere Risiken einzugehen. (Risikoneigung)
- wer Bereitschaft aufbringt, seine Interessen gegenüber anderen durchzusetzen, auch wenn dies gemeinsame Lösungen erschwert. (Unabhängigkeitsstreben)

Solche Persönlichkeitsmerkmale lassen sich natürlich nicht willentlich beeinflussen, es sind weitgehend zeit- und situationsstabile Dispositionen. Sie sollten mit Selbstführung deshalb bevorzugt dort ansetzen, wo Sie sich Stärken zuschreiben.

Welche alternativen Verhalten Sie entwickeln können, um ein unerwünschtes Handlungsmuster ersetzen zu können, finden Sie heraus, wenn Sie sich gedanklich sehr konkret mit den positiven Zielvorstellungen beschäftigen. Durch **gedankliches Probehandeln** können Sie sich ausmalen, wie Sie am liebsten vorgehen würden und Strategien auf Durchführbarkeit, Effektivität und Sinnhaftigkeit prüfen. Identifizierung mit einem kompetenteren Ich geben die Kraft, die es braucht, Routinen aufzugeben und Neues zu wagen. Gedankliches Einfühlen in erwünschte Handlungsmöglichkeiten hilft, die Vorsatzbildung zu präzisieren und die innere Bindung an deren Umsetzung zu erhöhen. Sie stärken damit Ihren Willen zur Veränderung.

Der Wunsch, bestimmte Verhaltensgewohnheiten aufzugeben entsteht aus der Überzeugung, mit dem bisherigen Verhalten nicht dem genügen zu können, was man von sich oder dem Leben will. Mit der Entscheidung zur Veränderung setzt ein Abwägen zwischen den Vor-

und Nachteilen des bisherigen Verhaltens ein. Die gewohnten Muster besitzen oft ein großes Beharrungsvermögen, weil sie mit großem unmittelbarem Nutzen verbunden sind. Manche Veränderungsresistenz gegenüber einer als sinnvoll beurteilten neuen Arbeitsplanung, beispielsweise gegenüber einer beschlossenen, frühzeitigen Prüfungsvorbereitung, hängt damit zusammen, dass das Aufschieben (des Lernens) eine Menge von subjektiven Gewinn und Befriedigung mit sich bringt: Sie haben aktuell weniger zu tun und können öfter ausgehen und Ihre Freizeit genießen.

Um die neue Strategie der Prüfungsvorbereitung durchzusetzen, brauchen Sie gute Gründe! Sie können sich bewusst machen, wie oft Sie es sich schon vorgenommen haben, ein kontinuierlicheres Arbeitsverhalten zu entwickeln. Sie machen sich deutlich, dass Sie auch am Semesterende noch Zeit für Ihre Freunde und Ihre Hobbys haben möchten und sich nicht mehr so gestresst und kopflos fühlen wollen, wie es Ihnen immer ergeht, wenn Sie unter großem Zeitdruck viel leisten müssen.

Tipp

Gehen Sie bei Veränderungswünschen von dem positiv besetzten Ziel aus: Etwas neu zu beginnen, ist leichter, als sich etwas abzugewöhnen!

Offenheit für neue Erfahrungen ist eine Voraussetzung für Selbstentwicklung, allerdings dürfen sie nicht stark beunruhigen, ängstigen oder in Aufregung versetzen. Damit Unlustgefühle gut zu regulieren sind und neue Handlungsmuster nicht als subjektiv nachteilig erlebt werden, sollten Sie Verhaltensänderungen durch angemessene Lernschritte erträglich gestalten. Definieren Sie Zwischenziele, um Erfolge zu ermöglichen. Wenn Sie schon etwas Zuversicht aufgebaut haben, lässt sich vorübergehende Orientierungslosigkeit durch unbekannte Zustände besser verkraften

Bedenken Sie, dass die Aufgabe von Gewohnheiten auch Auswirkungen auf andere Personen hat. Wenn Sie also beschließen, Ihre Alltagsstruktur zu verändern, kalkulieren Sie ein, wie es zu den Lebensgewohnheiten der Menschen passt, die davon auch betroffen sind.

kurz und knapp

Ohne Veränderung gibt es keinen Fortschritt, aber sich auf Neues einzulassen bedeutet mit Routinen zu brechen. Machen Sie sich diese „Nachteile" bewusst. Mit erkannten Vorbehalten können Sie sich auseinandersetzen, unerkannte behindern Sie.

Sie können Ihren Willen zur Veränderung stärken, wenn Sie Ihre Aufmerksamkeit auf die langfristigen Vorteile richten. Malen sie sich die erwünschten Konsequenzen konkret aus. Das macht es leichter, Anstrengungen auszuhalten und Sie werden resistenter gegenüber den Verlockungen der gewohnten Verhaltensmuster, die kurzfristig vielleicht angenehmer waren.

5.3 Mit Widerständen rechnen

Trotz festem Entschluss, ein bestimmtes Vorhaben zu realisieren, beispielsweise die Mitschriften aus Vorlesungen nachzuarbeiten, fällt die Umsetzung mitunter schwer. Zuerst werden die verschiedenen Handlungsmöglichkeiten auf Attraktivität und Realisierbarkeit verglichen. In dem Beispiel könnte die Wahl bestehen, nach der Vorlesung mit anderen in die Cafeteria zu gehen, oder in die Bibliothek, um mit der Ausarbeitung zu beginnen. Um die Handlung zum geplanten Zeitpunkt auszuführen muss sie gegen konkurrierende Wünsche, innere Widerstände und äußere Störungen durchgesetzt werden: Nicht in die Cafeteria, sondern in die Bibliothek gehen und mit zwei Stunden Arbeit rechnen, einkalkulieren, dass vielleicht nicht alle Literatur problemlos zu finden ist, davon ausgehen, dass vor dem verabredetem Sporttraining keine Zeit mehr zum Einkaufen ist.

Um mit dem gewünschten Verhalten dennoch zu beginnen, müssen Sie die Aufmerksamkeit bewusst auf die Gelegenheit ausrichten, die Handlungsabsicht differenziert präsent haben und sich ausreichend energiegeladen fühlen. Diese Anforderungen fallen mitunter schwer, weil gleichzeitig positive Gefühle aktiviert und negative abgeschwächt werden müssen. Sie machen sich bewusst, dass Sie zufrieden sein werden, wenn Sie die Vorlesung vertiefend bearbeitet haben, dass es Ihnen bei der Klausurvorbereitung sehr helfen wird, denken daran, dass Sie vielleicht erst etwas unkonzentriert sein, aber nach einer Weile doch Interesse am Thema finden werden. Allerdings wäre es gut, um im Beispiel zu bleiben, nicht weiter darüber nachzudenken, wen Sie in der Cafeteria verpassen und was Sie heute nicht einkaufen können, denn, wenn die konkurrierenden Handlungsabsichten im Hintergrund weiter präsent sind, erfordert dies immer wieder Willenskraft und das kostet Energie.

Wichtige Tätigkeiten, die als anstrengend, verunsichernd und nicht sofort befriedigend eingeschätzt werden, geraten oft zugunsten weniger wichtiger Handlungen ins Hintertreffen. Konkurrenztätigkeiten sind besonders dann gut zu rechtfertigen, wenn sie nützlich sind. So spülen Studierende bevorzugt das Geschirr vom Vorabend, wenn Sie mit dem Lernen beginnen wollten. Genau dann fällt ihnen ein, dass es schon längst fällig wäre, sich im Haushalt als engagiert zu zeigen und beschließen in der Küche noch etwas gründlicher aufzuräumen. Selbst wenig beliebte Tätigkeiten werden als Alternativen zur anstehenden wichtigen Tätigkeit ausgeführt, weil sie umgehend Zufriedenheit erzeugen.

Aufschieben schützt kurzfristig vor Stimmungsverschlechterung, deshalb kann es leicht zur Gewohnheit werden. Langfristig wirkt sich die Tendenz, Tätigkeiten zu verzögern und Ersatzhandlungen auszuführen als sehr ungünstig aus, da sie das Selbstvertrauen beschädigt und zur Folge hat, dass wichtige Aufgaben überstürzt, verspätet oder gar nicht erledigt werden. Zur Selbstberuhigung werden häufig neue Absichten formuliert, wie das Versäumnis zu einem späteren Zeitpunkt auszugleichen ist. Dabei werden meist die Konsequenzen des gegenwärtigen Aufschiebens verharmlost und das Ausmaß der später zu bewältigenden Arbeit bagatellisiert.

Es gibt Menschen, denen es schwerer als anderen fällt, Vorhaben zuverlässig umzusetzen, vor allem Tätigkeiten im Leistungsbereich, die als neu, potentiell schwierig oder anstrengend wahrgenommen werden. Das hängt mit Persönlichkeitszügen zusammen, mit den Leistungserwartungen, mit Ansprüchen an sich selbst, der Klarheit von Zielsetzungen, dem Ausmaß an intrinsischer Motivation, dem Selbstvertrauen beziehungsweise den Selbstzweifeln, der Angst vor Versagen und der vorhandenen Leistungsbereitschaft.

Wie ausgeprägt ist Ihre Neigung zum Aufschieben?

- Bevor ich mit wichtigen Aufgaben beginne, muss ich erst aufräumen, meine Maniküre machen, Blumen gießen oder die E-Mails checken.
- Ich kann mich auch bei wichtigen Aufgaben nicht dazu bringen, zum geplanten Zeitpunkt mit der Arbeit zu beginnen.
- Ich neige dazu, die Arbeitsmenge, die ich innerhalb einer festgelegten Zeitspanne bewältigen kann, zu überschätzen.

- Es ist mir häufig passiert, dass ich nicht alle Lernmaterialien bearbeiten konnte, die ich mir vorgenommen hatte.
- Ich bin häufig unpünktlich.
- Es gibt einige Wünsche, die ich aufgeben musste, weil ich mich zu spät darum gekümmert habe.
- Ich zögere Aufgaben bis zum letzten Moment hinaus.
- Obwohl ich nicht gern geprüft werde, finde ich es besser, wenn ich häufiger Leistungsnachweise erbringen müsste, als nur eine Klausur am Semesterende zu schreiben.
- Ich denke viel an Studienaufgaben, die ich noch erledigen muss.
- Ich kenne das Gefühl gut, den Tag ohne Genuss vertrödelt zu haben.
- Obwohl ich es als unangenehm empfinde, lasse ich es öfters dazu kommen, dass andere mich antreiben oder sagen, was ich zu tun habe.

Wenn Sie sich in mehreren Beschreibungen wiederfinden, droht Ihnen das Aufschieben zur Gewohnheit zu werden. Steuern Sie dagegen an!

Häufige Diskrepanzen zwischen Intention und Handeln haben negative Auswirkungen, sie erzeugen zunehmend schlechtes Gewissen beschädigen das Selbstbewusstsein und führen zu psychischen und beruflichen Beeinträchtigungen. **Gewohnheitsmäßiges Aufschieben** (Prokrastination) von als wichtig erkannten Tätigkeiten weist auf eine Störung der Selbststeuerungsfähigkeiten hin und **gilt als behandlenswerte Verhaltensstörung**, wenn sich die Betroffenen ihrem Verhalten gegenüber selbst hilflos fühlen. Dann reichen auch bessere Selbstmanagementmethoden nicht mehr aus. Wenn Anspannung und Beunruhigung überhand nehmen, holen Sie sich dazu psychologische oder psychotherapeutische Unterstützung!

Tipp

Wenn Sie dazu neigen, wichtige Vorhaben aufzuschieben, sollten Sie daran arbeiten, die Gründe für Ihr Verhalten zu verstehen und die negativen Affekte zu überwinden, statt darauf zu hoffen, dass andere Ihnen Druck machen.

Die meisten bewussten Widerstände gegen beabsichtigte Tätigkeiten entstehen aus Angst vor Veränderung, Unbequemlichkeiten oder Anstrengungen, aus großer Unsicherheit, dem Gefühl, doch nichts bewirken zu können, sowie aus Ärger und Auflehnung gegen die Anforderungen. Nach den Ergebnissen psychologischer Untersuchungen fördern fremdbestimmte hohe Leistungsstandards Aufschiebeverhalten. Studierende, die der Umwelt hohe Erwartungen an die eigenen Leistungen unterstellen, haben mehr Widerstände zu überwinden und schieben in der Folge eher auf, als diejenigen, die sich selbst hohe Leistungsstandards setzen.

Der chronische Handlungsaufschub kann aber auch besonders Ehrgeizige treffen, sie verzögern, weil Sie fürchten, nicht ihren Erwartungen zu entsprechen. Sie handeln bevorzugt aus einer Alles-oder-Nichts Haltung heraus. Viele Menschen, die aufschieben, wollen perfekt sein und sehen sich in ihrem Selbstwertgefühl bedroht, wenn etwas nicht so gelingt, wie sie es sich abverlangen. **Wenn eine übertrieben selbstkritische Haltung, hohe Selbstansprüche und Angst vor Versagen zusammen treffen, kann das zu anhaltenden Blockaden führen.**

Fehlende oder unklare Prioritäten rufen Widerstände hervor, wie auch Unsicherheiten bezüglich der Arbeitsmethoden. Arbeiten werden aufgeschoben, weil man sich nicht entscheiden kann, womit man beginnt oder weil die Ahnung besteht, dass man bei der Arbeit auf Defizite stößt und der Arbeitsaufwand zunimmt. Das Hinauszögern soll vor dieser bitteren Erkenntnis bewahren.

Unbewusste Widerstände lassen sich daran erkennen, dass Menschen sich zwar engagiert bemühen, aber mit ihrer Arbeit nicht vorankommen. Bei ausreichendem Aufgabenverständnis und vorhandenen Fähigkeiten behindern unerkannte Absichten oder nicht zugängliche Konflikte die Umsetzung des Vorsatzes. Hohe Kränkbarkeit, Angst vor Beschämung oder auch Selbstbestrafungstendenzen und Angst vor Erfolg stehen im Hintergrund. Manchmal ist der Gewinn, der durch das Nichterledigen der Aufgabe entsteht, größer als bewusst eingestanden wird, weil das Aufschieben ein ambivalentes Verharren beispielsweise in einer hilflosen oder latent rebellischen Haltung gestattet. Dann ist es wichtig, die Prioritäten zu klären, die Absichtsbildung zu überprüfen oder sich den inneren Konflikten zu stellen.

Überzeugungen und Empfindungen von Menschen, die im Widerstand handeln:

- Sie haben das Gefühl, sich nicht mit den wirklichen Problemen zu befassen.
- Sie sind überzeugt davon, unter Druck (von außen) am besten arbeiten zu können.
- Sie fühlen sich unentschieden und ambivalent gegenüber ihren Vorhaben.

- Sie haben schnell das Gefühl, zu spät dran zu sein, so dass es sich nicht mehr lohnt, sich für das Vorhaben zu engagieren.
- Sie haben häufig ein schlechtes Gewissen und machen sich Selbstvorwürfe wegen ihrer Versäumnisse.
- Sie haben ein Ziel, aber einfach keine Lust.
- Sie haben oft das Gefühl zwischen den Stühlen zu sitzen.
- Sie arbeiten weiter, trotz Unsicherheit, ob sie die das Richtige tun.
- Sie halten es grundsätzlich für besser, von zwei anstehenden Aufgaben die weniger unangenehme vorzuziehen.
- Sie sind viel mit oberflächlichen, nicht vordringlichen und vielleicht ohnehin nicht lösbaren Problemen beschäftigt.
- Sie wissen oft nicht, was sie machen sollen.

Um vom Wünschen zum Handeln zu kommen bedarf es einer bewussten Entscheidung und der inneren Bereitschaft, sich auch mit Verunsicherung oder Unlustgefühlen zu konfrontieren. Wenn Sie sich beim Umstellen auf neue Arbeitsstrategien angespannt und unwohl fühlen, sollten Sie zu erfassen suchen, was die Aufgabe, beziehungsweise ihre Bearbeitung so unangenehm macht. Haben Sie zu hohe Ansprüche an sich, erwarten andere nach Ihrer Meinung zu viel? Befürchten Sie, die Leistung nicht zufriedenstellend erbringen zu können? Wissen Sie nicht recht, was genau zu tun ist und wie Sie das bewerkstelligen können?

Wenn Sie herausgefunden haben, was die Aufgabe so aversiv macht, überlegen Sie, welche Möglichkeiten bestehen, die negativen Gefühle zu bewältigen. Achten Sie besonders dann, wenn Sie neue Aufgaben erledigen wollen oder neue Verhaltensmuster erproben auf eine Balance zwischen angenehmen und unangenehmen Vorhaben und überfordern Sie sich nicht durch überzogene Zielsetzungen.

kurz und knapp

Der (nicht immer bewusste) Konflikt zwischen Tätigkeiten, die man tun sollte und denen, die man tun will, führt dazu, dass Vorhaben verschoben und weniger wichtige Ersatzhandlungen ausgeführt werden. Verunsicherung und Ängste lassen sich jedoch nicht umgehen, wenn man ein anspruchsvolles Ziel erreichen möchte. Wenn Sie trotz erlebtem Unbehagen, an einem Vorhaben festhalten wollen, versuchen Sie nicht, entgegenstehende Unlustgefühle zu unterdrücken. Um dauerhaft handlungsfähig zu bleiben, sollten Sie sich vielmehr den Konflikten stellen. Versuchen Sie, Ihre Motive und Widerstände zu analysieren.

5.4 Misserfolge konstruktiv nutzen

Gehen Sie nicht davon aus, dass Ihnen die Umsetzung neuer Verhaltens-
wünsche und die Aufgabe gewohnter Muster auf Anhieb gelingt. Stellen
Sie sich auf eine angemessene Zeitspanne der Umstellung ein, auf eine
Phase, die immer wieder Rückschläge bereithält und die Sie zwingt sich
mit alten Fehlern und unerwünschten Verhaltensweisen oder Einstellungen zu konfrontieren. **Rechnen Sie mit Misserfolgen und Rückfällen und
binden Sie ihr Selbstwertgefühl nicht ausschließlich an die Erfolge, sondern auch daran, dass Sie sich um Fortschritte und Entwicklung bemühen.**
Wenn man sein Selbstbewusstsein mit Erfolg gleichsetzt, wird man abhängig von kurzfristigen Erfolgserlebnissen. Bei größeren Aufgaben liegen diese zu weit entfernt, also werden kleinere Aufgaben vorgezogen,
weil die eine schnelle Belohnung versprechen. Langfristig erzeugt solches
Verhalten aber Frustration statt Befriedigung, weil man zu oft nicht das
schafft, was wirklich wichtig ist. Dann beginnt ein Teufelkreis aus Aufschieben, Überforderung- und Minderwertigkeitsgefühlen.

Im Leistungssport werden Prognosetrainings durchgeführt: Die Sport-
lerinnen und Sportler lernen vorauszusagen, zu wie viel Prozent die ange-
strebte Leistungsnorm erreicht werden kann. **Sich realistische Erfolgser-
wartungen zu definieren hilft, mit Misserfolgen und Rückschlägen
umzugehen und sich nicht vorschnell entmutigen zu lassen.**

Der Aufwand, sich selbst über eine längere Zeitspanne zu beobachten ist
anstrengend, aber notwendig, wenn Sie sich neue Arbeitsweisen und Verhaltensmuster aufbauen wollen. Nutzen Sie *Arbeitsjournale* oder *Lerntagebücher*, um herauszufinden, in welchen Situationen Sie wieder auf die Verhaltensweisen zurückgreifen, die sie überwinden wollten. Sie können dann
erkennen, welche Anforderungen „kritisch" sind, für welche Teilaufgaben
im Arbeitsprozess Sie neue Strategien brauchen. Fassen Sie dazu stets konkrete Entschlüsse! Kontrollieren Sie sich nicht übermäßig und zwanghaft.
Das erhöht nur den Widerstand gegen Veränderung. Bestehen Sie nicht auf
Perfektion sondern bleiben Sie experimentierfreudig und flexibel.

Wenn Sie sich beispielsweise vorgenommen haben, täglich für eine
Sprachprüfung zu lernen, bevor Sie sich anderen Aufgaben zuwenden und
sich ärgern, dass es nur selten klappt, analysieren Sie Ihr Morgenritual
und Ihren Tagesablauf um zu verstehen, warum Ihr Vorhaben nicht gelingt und um vielleicht eine günstigere Zeitspanne zu finden. Überlegen
Sie aber auch, ob es interessantere Übungsformen gibt, als die, mit der Sie
scheitern.

Fehler sind notwendige Schritte zum Erfolg, sie lassen Wissenslücken, falsche Planung oder Missverständnisse sichtbar werden: Vielleicht war die Umstellung zu schwer und sie benötigen mehr Zwischenziele, mehr Zeit um sich die Voraussetzungen gründlich zu erarbeiten oder Ihre Belohnungen, mit denen Sie sich motivieren wollten, sind nicht attraktiv.

kurz und knapp

Ein guter Coach hat Respekt vor den Leistungen seines Schützlings. Er wird bei Misserfolgen Beschämung vermeiden, stattdessen Mut für neue Versuche machen. Gehen Sie wohlwollend mit sich um und nehmen Sie Rückschläge als Erfahrungsgewinn, der helfen kann, effektivere Schritte zu planen, um Ihren Zielsetzungen näher zu kommen. Denken Sie daran, dass Sie schon viel aus Fehlern gelernt haben und seien Sie Ihren Erfolgen gegenüber genauso aufmerksam!

5.5 Ressourcen ausbauen

Für ein geglücktes Leben stehen Ihnen wesentliche Ressourcen zur Verfügung. Erfolgreiches Selbstmanagement setzt auf gezielten Einsatz und Weiterentwicklung der Möglichkeiten sowie die Optimierung ihres Zusammenspiels.

Sie kennen Ihre Fähigkeiten, Ziele und Wünsche, wissen um Ihre Entschlossenheit und kennen auch die Widerstände, die Ihnen in die Quere kommen, wenn Sie anspruchsvollere längerfristige Vorhaben umsetzen wollen. Wissen Sie, was Ihnen die „power" für das Erreichen Ihrer Ziele gibt?

Übung

Nehmen Sie sich etwas Zeit und fertigen Sie ein *Mind Map* zum Thema „Lebensqualität" an. Gehen Sie dabei von einem spontanen *Cluster* aus: Sie notieren alle Assoziationen. Dann sortieren Sie Ihre Einfälle und ordnen Sie unter Ihnen geeignet erscheinende Kategorien auf Haupt- und Nebenästen. Aus welchen Bereichen, die in Ihrer Mind Map abgebildet sind, schöpfen Sie Kraft für Ihr tägliches Leben?

Lebensqualität sichert Ihr Wohlbefinden und ist sowohl Kraftquelle als auch Handlungsmotiv. Um Ihre Zielvorstellungen von einem guten Leben zu verwirklichen, müssen Sie Ihre Motivation festigen und sich vor Stress schützen. In diesem Buch steht viel über Möglichkeiten, wie Sie steuernd in solche Prozesse eingreifen, wie Sie Ihren Willen aufrechterhalten und Ihre Handlungsbereitschaft erhöhen können.

An dieser Stelle sind noch einmal die persönlichen Ressourcen zusammengestellt, die für die erfolgreiche Umsetzung von Leistungszielen und Lebensplänen entscheidend sind, und die Sie beeinflussen können.

Ressourcen, die zum Planen und Verwirklichung von Vorhaben unentbehrlich sind:

- Positive Zielsetzungen
- Motivation
- Ein realistisches Fähigkeitsselbstkonzept
- Leistungsbereitschaft
- Ein gutes Zeitmanagement
- Den Zielen angemessene Arbeitstechniken und Fertigkeiten
- Fähigkeiten, Affekte zu regulieren
- Körperliche Gesundheit
- Soziale Beziehungen und Vernetzung

Wenn Sie diese Übersicht durchsehen, finden Sie die Themen wieder, die im Buch behandelt sind. Erinnern Sie sich, Vorhaben, die auf ein positives Ereignis abzielen, motivieren mehr als solche, die einen unerwünschten Zustand beenden wollen. **Malen Sie in Ihrer Fantasie Ihre Ziele konkret aus und nutzen Sie die Kraft Ihrer Zukunftsträume.**

Motivation erhöht Ihr Aktivitätsniveau und beeinflusst, wie intensiv Sie sich um ein Ziel bemühen. Definieren Sie die Ansprüche an Ihre Vorhaben möglichst selbst! Halten Sie unbedingt fest, wenn Sie etwas für Ihre Absichten getan haben, schätzen Sie Ihre Etappenziele und belohnen Sie sich! Durch mentales Training können Sie die Zuversicht in den Erfolg Ihres Verhaltens erhöhen. Planen Sie Ihren Arbeitsprozess abwechslungsreich, versuchen Sie möglichst viele Gestaltungsfreiräume nach Ihren Vorstellungen zu nutzen, und versuchen Sie den Anteil intrinsisch motivierter Aufgaben zu erhöhen.

Die realistische Einschätzung der eigenen Fähigkeiten ist wichtig für die Entwicklung effektiver Lernstrategien. Steigen Sie auf der Schwierigkeitsstufe ein, die Ihren Kenntnissen und Fertigkeiten entspricht.

Ihre Leistungsbereitschaft können Sie stärken, wenn Sie sich motivierende Belohnungen ausdenken, für gute Arbeitsbedingungen sorgen und sich an Herausforderungen gewöhnen. **Verlangen Sie sich gelegentlich etwas ab!** Nehmen Sie sich beispielsweise vor, nach den Sportnachrichten auch noch intensiv zwei Artikel aus dem Wirtschaftsteil durchzuarbeiten oder den nächsten Krimi in einer Fremdsprache zu lesen.

> **Tipp**
>
> Man kann übrigens nicht nur Entspannungs- sondern auch Mobilisierungstechniken üben. Mentales Training und Selbstsuggestion haben sich dabei bewährt.

Setzen Sie Ihre Kreativität ein, auch das spornt an und unterstützt Ihre Leistungsbereitschaft. Kreative Menschen entscheiden sich, ergebnisoffen Versuche zu wagen. Dabei handeln sie flexibel, jedoch auf das Ziel bezogen und beurteilen selbstkritisch, aber wohlmeinend die Ergebnisse.

Gehen Sie bewusst mit Ihrer Zeit um. Auch wenn sie wissen, dass Sie unter Zeitdruck meist Kräfte mobilisieren können, verursacht Zeitknappheit doch Stress und kostet Sie Kraft.

Für Zielsetzungen im Leistungsbereich ist es wichtig, die Methodenkompetenz zu erweitern. Gleichen Sie Defizite frühzeitig aus. Auch kognitive Ressourcen können Sie entwickeln. Merkfähigkeit, Schnelligkeit, mit denen Regeln erfasst werden und sprachliches Verständnis sind Funktionsbereiche der Intelligenz, die trainiert werden können.

Unanhängig davon, wie motiviert Sie sich für Ihr Arbeitsziel engagieren oder sich um den Aufbau effizienter Verhaltensstrategien bemühen, werden Sie Verunsicherungen und negative Spannungen erleben. Sie brauchen Fähigkeiten, Affekte zu regulieren, um bei Schwierigkeiten oder Misserfolgen nicht aufzugeben, sondern handlungsfähig zu bleiben. Lernen Sie auf die körperlichen und emotionalen Signale der Stressreaktionen achten, damit Sie gegensteuern und alternative Handlungen aufbauen können. Handlungsorientierte Menschen behalten auch in ungünstigen Bedingungen den Bezug zu ihrem Vorhaben und agieren zielorientiert. Lageorientierte dagegen, sind auf die problematische Situation fixiert, grübeln, binden sich an unrealistische Ziele oder an Absichten, die nicht mit ihren Bedürfnissen übereinstimmen. Lernen Sie, wie Sie sich bei innerer Unruhe und ängstlicher Anspannung beruhigen können oder suchen Sie sich in kritischen Situationen, die Sie nicht allein bewältigen können, Unterstützung.

Übung

Aufregung und negative Spannungen lassen sich bannen, wenn Sie einen gegensätzlichen Signalreiz, bewusst dagegensetzen, beispielsweise ein (inneres) Bild, das mit Ruhe und einem angenehmen Körpergefühl verbunden ist.

Verbinden Sie konkrete Vorstellungen des Ziels, das Sie erreichen möchten mit einem positiv besetzten Marker, der Ihnen helfen soll, Ihr Ziel möglichst häufig mental zu aktivieren. Als Erinnerungshilfen eignen sich Bilder, eine bestimmte Musik, ein Duft aber auch, Farben, Symbole, oder Orte.

Vergegenwärtigen Sie Ihr Ziel, die Situation, die Sie ändern möchten. Achten Sie auf Ihr Körpergefühl, wenn Sie Ihr Ziel imaginieren. Registrieren Sie (im Stehen oder im Sitzen), wie sich Ihr Körper anfühlt: bemerken Sie die Stellung der Füße, Ihre Kopfhaltung. Wie fühlen sich Hände, Arme und Beine an? Wandern Sie mit Ihrer Aufmerksamkeit durch Ihren Körper, erspüren Sie Ihre Atmung, den Muskeltonus, alles, was Sie spontan empfinden.

Wenn Sie die Erinnerungshilfen mit den körperlichen Gefühlen bei der Zielvorstellung verbinden, können Sie später über diese den erwünschten Zustand mental aktivieren.

Das braucht etwas Übung, aber es lohnt sich! Sie können durch die gesteigerte Selbstaufmerksamkeit auch, Vorläufersignale sich anbahnender Stressreaktionen früh erkennen und rechtzeitig mit der Aktivierung des guten Körpergefühls reagieren.

Freundschaften, ein sicheres soziales Netz und körperliches Wohlbefinden sind wesentliche Ressourcen für Zufriedenheit. Achten Sie auf die Balance zwischen Lebens- und Arbeitszielen, stellen Sie in Ihrem Alltag win-win Situationen her und opfern Sie nicht einen Bereich für den anderen sondern bleiben Sie um Ausgleich bemüht. Private Anliegen sollten mit Studienzielen im Einklang stehen.

kurz und knapp

Persönliche Ressourcen, auf die Sie Einfluss haben, sind Wissen, Lern- und Leistungsbereitschaft, kognitive Fähigkeiten, Fertigkeiten, soziale Kompetenzen, die Überzeugung erfolgreich sein zu können, Zielorientierung, Selbstkenntnis (das Wissen über eigene Motive, Widerstände und

Verhaltensgewohnheiten), Ihre körperlichen Kräfte, Ihre Gesundheit, Ihr soziales Netzwerk. Diese Ressourcen können Sie unmittelbar stärken. Wesentlich ist, Strategien zu kennen, den alltäglichen Anforderungen und den daraus entstehenden negativen Affekten zu begegnen und handlungsorientiert zu bleiben.

Setzen Sie positive Anker, um negative Spannungen ausgleichen zu können und sorgen Sie für einen zufriedenstellenden Alltag, Ihre Kraftquelle.

5.6 Selbstbewusstsein stärken

Verhaltensänderungen sind Prozesse, die sich über längere Zeiträume erstrecken. Um zu einer Entscheidung mit konkreten Vorsätzen und ersten Handlungsabsichten zu gelangen, sind Selbstakzeptanz und Zuversicht vonnöten. Wenn Sie ein Problem lösen, akzeptieren sie es als sinnvollen Ausgangspunkt Ihrer Überlegungen und Sie haben das Selbstvertrauen, sich der Aufgabe zu stellen. Wenn Sie unzufrieden mit sich sind, beispielsweise wie hartnäckig Sie sich vor Entscheidungen drücken oder damit, wie unausgewogen Sie Ihre Energie zwischen Arbeit, Freizeit und sozialen Beziehungen verteilen, dann fühlen Sie sich nicht gut. Um neue Verhaltensweisen und Arbeitsgewohnheiten aufzubauen, brauchen Sie trotzdem Verständnis und Wohlwollen für Ihre Situation und müssen sich vertrauen. Es ist unangenehm, Diskrepanzen zwischen jetzigem Verhalten und eigenem Ideal wahrzunehmen, aber Sie kommen nirgendwo an, wenn Sie nicht akzeptieren, dass Sie sich von Ihrem Standort aus bewegen müssen.

Viele Menschen sind schnell dabei, sich selbst abzuwerten und aus Gefühlen von Unzufriedenheit persönliche Unzulänglichkeit abzuleiten. Das ist schlecht und kontraproduktiv. Selbstvorwürfe sind reaktiv und haben kaum eine konstruktive Wirkung. Es motiviert nicht, sondern zieht runter. Oder glauben Sie an eine positive Wirkung schwarzer Pädagogik, an Beschämung und Strafe?

Betrachten Sie sich aus Distanz, bewerten Sie nicht, sondern sehen Sie Ihre Handlungsmuster einfach nur als Möglichkeiten an, die es neben anderen gibt. Anstatt sich Druck zu machen, sollten Sie in der Beobachterhaltung verweilen, das hilft sowohl aus Handlungsautomatismen auszusteigen als auch Selbstvorwürfe zu stoppen. Aus der Distanz können Sie Wege planen, um dem Ideal näherzukommen. Was können Sie tun, um Ihre Vorstellungen zu verwirklichen?

Sie sollten Sätze wie: „Dass ich immer wieder diese Gefühle von Unzu-friedenheit oder Enttäuschung empfinde, bedeutet, dass ich unfähig bin und es nicht kann", kritisch überprüfen und verändern. Der Satz, den Sie sich bei Gefühlen von Misserfolg sagen könnten, wenn Sie wieder gesurft statt geschrieben haben, lautet dann beispielsweise: „Da ich mich mies fühle, wie ich den heutigen Tag verbracht habe, werde ich mir jetzt über-legen, was ich morgen anders machen kann."

Sie können üben, selbstverurteilenden Gedankenautomatismen zu stop-pen und in konstruktiv ermutigende Aufforderungen zu verwandeln:

Übung

Nehmen sie ein Blatt Papier und notieren Sie sich all Ihre Voraussetzun-gen, Ihre Fähigkeiten, Ihre Stärken, Fertigkeiten und erlebten Erfolge, die Sie einsetzen können, Ihr Ziel zu erreichen.
Schreiben Sie dann auf, mit welchen negativen Zuschreibungen Sie sich zuweilen plagen. Was werfen Sie sich vor? Wie nennen Sie sich, wenn Sie wütend auf sich sind, wie, wenn Sie deprimiert und mutlos sind?
Wandeln Sie die negativen Ansichten in positive Statements um. Suchen Sie nach möglichst überzeugenden, glaubwürdigen Aussagen!
Hier einige Beispiele:
- Statt: „Ich bin für mein Studienfach überhaupt nicht geeignet!" – „Ich muss noch einiges erarbeiten, um den Anforderungen entsprechen zu können."
- Statt: „Ich werde es nie schaffen, rechtzeitig mit dem Lernen zu begin-nen!" – „Ich kann das Lernen planen, damit ich weiß, wann ich womit einsteigen will. Ich werde mich zur Unterstützung dazu verabreden."
- Statt: „Ich kann mich nicht konzentrieren!" – „Ich weiß, wie ich meine Konzentration verbessern kann, ich werde Fortschritte machen."
Überarbeiten Sie Ihre Selbstaussagen über einen längeren Zeitraum und wiederholen Sie diese Aufgabe, bis Sie Selbstzuschreibungen gefunden haben, die Sie stützen und nicht schwächen.

Gerade wenn man in einem Arbeits- oder Lebensbereich nicht zufrie-den ist, hat man ein anfälliges Selbstbewusstsein und neue Herausfor-derungen können Selbstzweifel auslösen. Besorgtheit schwächt und macht unsicher. Überprüfen Sie Ihre Befürchtungen auf Ihren Reali-tätsgehalt!

Der Einschätzung der eigenen Kompetenzen, mit Hindernissen und Schwierigkeiten umgehen zu können, kommt bei Veränderungsprozessen große Bedeutung zu. Zuversicht gegenüber dem Gelingen eigener Anstrengungen ist eine wichtige personale Ressource, die Einfluss darauf nimmt, welchen Aufgaben Sie sich stellen. Wenn Sie mehr von sich erwarten, müssen Sie sich mehr abverlangen, das schließt die Bereitschaft ein, notwendige Voraussetzungen zu entwickeln. Bauen Sie Ihre Kompetenzen schrittweise aus und machen Sie sich Ihr Engagement und Ihre erweiterten Fähigkeiten bewusst.

kurz und knapp

Der Beginn von Selbstveränderung ist Selbstakzeptanz. Wenn Sie unzufrieden sind, wie Sie Ihre Arbeit organisieren, beginnen Sie damit, Ihr Selbstwertgefühl zu stärken und dafür zu sorgen, dass Sie sich wohlwollend dabei begleiten, die Schwierigkeit zu überwinden. Reagieren Sie nicht mit Selbstvorwürfen. Vermeiden Sie selbstabwertende Zuschreibungen und formulieren Sie beharrlich negative Ansichten über sich in konstruktive Aussagen um. Gehen Sie respektvoll mit sich um und nehmen Sie sich mit Ihren Gewohnheiten und Unvollkommenheiten ernst. Bewerten Sie sich nicht global, sondern einzelne spezifische Verhaltensweisen.

Was nehme ich mir vor?
Schreiben Sie einen Brief an sich, mit den Vorhaben und Strategien, die Sie für sich geeignet halten. Geben Sie sich Tipps, was Sie tun können, um eines Ihrer wichtigen Vorhaben zu verwirklichen. Legen Sie konkrete Schritte fest und definieren Sie Erfolgskriterien auch für die Etappenziele. Geben Sie den adressierten Brief einer befreundeten Person und bitten Sie, Ihnen den Brief in einer verabredeten Zeit, beispielsweise zwei Wochen nach dem beabsichtigten Start des Vorhabens, zuzuschicken!

6. Lösungswege

6.1 Entschlossen statt ziellos
6.2 Motiviert statt lustlos
6.3 Anfangen statt aufschieben
6.4 Zuversichtlich statt besorgt

Der Vorsatz, Ratschläge zu beherzigen, geschieht häufig aus Not heraus. Auch wenn Sie unter (Zeit-) Druck stehen, nehmen Sie die Abweichungen vom gewünschten Zustand als Chance, zu besseren Lösungen zu kommen und probieren Sie Neues aus! Nutzen Sie den Zeitdruck für die Entscheidung mit untauglichen Arbeitsstrategien aufzuhören und Alternativen zu erproben.

Obwohl genau das schwer ist, sollten Sie bei „Durchhängern" aktiv werden und in Ihr Leben steuernd eingreifen. Statt in Stagnation, Gefühle von Inkompetenz, Entscheidungsunsicherheit und Depression zu versinken, müssen Sie handeln und durch problemorientiertes Nachdenken, Experimentieren und Gesprächen mit Freunden oder professionellen Berater/innen nach Möglichkeiten suchen, wieder auf den richtigen Kurs zu kommen.

Immer, wenn Sie nicht das tun können, was Sie sich vorgenommen haben, obwohl die Voraussetzungen gegeben sind, sollten Sie sich zuerst auf die momentane Situation konzentrieren.

Werden Sie konkret:
➜   Was genau haben Sie sich vorgenommen und welche der erforderlichen Handlungen können Sie nicht ausführen?
➜   Versuchen Sie, die Ursache festzustellen: Wer oder was stört, welche Gedanken, welche Gefühle?
➜   Entscheiden Sie sich, ob Sie sich jetzt oder erst später mit der Störquelle beschäftigen wollen!
➜   Setzen Sie die Entscheidung **sofort** in die Tat um: arbeiten Sie weiter oder beschäftigen Sie sich eine bestimmte Zeit lang mit dem Problem.

Bei anhaltenden Lernstörungen, Arbeitsproblemen oder dem Gefühl an den eigenen Wünschen vorbei zu leben, lesen Sie in den vorangegangen Kapiteln nach. Sie finden sowohl Materialien, die Sie unterstützen, Ihr Verhalten kritisch zu reflektieren als auch Anleitungen für bewährte Strategien der Verhaltensänderung. Die Hinweise ermöglichen Ihnen, ein zielorientiertes, erfolgversprechendes Studienverhalten aufzubauen und Ihren Alltag ausbalanciert zu gestalten. An dieser Stelle **kurz und knapp** Tipps, die so etwas wie eine Erste Hilfe bieten wollen, wenn Sie feststecken und in Zeitnot sind.

6.1 Entschlossen statt ziellos

Sie stehen unter Zeitdruck, es gibt viel zu erledigen, aber Sie bleiben bei keiner Aufgabe, Sie beginnen viel oder wissen gar nicht, womit Sie anfangen wollen. Die Zeit vergeht, Sie sind angespannt und fühlen sich zunehmend unwohl. Es gibt nichts, was Sie lockt, zu viel, was Sie tun könnten oder sollten und statt tätig zu werden, grübeln Sie. Wenn Sie doch mit einem Arbeitsziel beschäftigt sind, haben Sie das Gefühl, das eigentlich Wichtige zu versäumen und brechen frustriert ab. Je länger der Zustand anhält umso wahrscheinlicher tauchen Angstgefühle auf, wenn der Anspruch bestehen bleibt, die Vorhaben zu verwirklichen.

Unentschlossenes Pendeln zwischen (Verhaltens-)Alternativen führt häufig dazu dass keine davon realisiert wird. Bestenfalls kommt es zu Ersatzhandlungen und in Bezug auf die Vorhaben herrscht Stagnation. Die Folge ist ein oberflächliches Beschäftigt-Sein und das unangenehme Gefühl, das Falsche zu tun oder „im falschen Film" zu sein. Sie haben die Orientierung verloren oder sind von der Zielsetzung nicht mehr überzeugt.

Vor unentschlossenem Arbeiten können Sie sich schützen, in dem Sie vor Arbeitsbeginn Ziele definieren und Sie übergeordneten Absichten zuordnen. Sie brauchen einen Überblick über die Anforderungen und die verfügbare Zeit. Machen Sie sich noch einmal explizit bewusst, **welche Teilaufgaben** mit **welchem Ziel** verbunden sind und **welche Wichtigkeit** diese jeweils besitzen?

Wenn auf Ihrer To-Do-Liste beispielsweise Aufgaben notiert sind, wie „Herausfinden ob Buch A als Grundlage für das Referat in Frage kommt", „aus Aufsatz B die Kernaussage herausarbeiten" und „eine Übungsaufgabe für Statistik lösen" können Sie anhand der zur Verfügung stehenden Zeit gut entscheiden, was davon gerade möglich ist oder für welches Arbeitsziel sich ein sinnvolles Teilziel definieren lässt, das in der vorhandenen Zeitspanne realisierbar ist. **Formulieren Sie also klare Ziele und legen Sie zeitlich begrenzte Arbeitsschritte fest!**

Wenn Sie feststellen, statt mit der vorgenommenen Aufgabe, plötzlich mit anderem beschäftigt zu sein, müssen Sie noch einmal **das unmittelbare Ziel klären**: beispielsweise sich wieder auf die beschlossene Aufgabe zu konzentrieren oder weiter darüber nachzudenken, wen Sie alles zu Ihrer Einweihungsparty einladen wollen.

→ **Entscheiden Sie schnell**, was vorrangig ist: Ihr ursprüngliches Vorhaben oder die andere Tätigkeit.

→ Bei der Entscheidung für anderes: **Legen Sie fest**, wann die Arbeit weitergeht.

→ Bei der Entscheidung für die Arbeit, **notieren Sie sich Ihre Gedanken** zu der Sache, die Sie abgelenkt hat und legen Sie einen Zeitpunkt fest, zudem Sie sich damit beschäftigen werden.

Bei anhaltender Ziellosigkeit fehlt Ihnen vielleicht der Mut, sich einzugestehen, dass Sie Ihre Planung grundsätzlicher revidieren müssen. Vielleicht hatten Sie sich zuviel vorgenommen und haben nun für keine der verschiedenen Absichten ausreichend Zeit, fühlen sich gehetzt und wollen alles auf einmal erledigen? Wägen Sie ab, ob Sie Ihre Absichten aufrechterhalten können, bestimmen Sie die Prioritäten neu und verteilen Sie die Aufgaben auf verschiedene Tage. **Reduzieren Sie die Zahl der Zielsetzungen**, mit denen Sie sich vorerst beschäftigen. **Planen Sie die Arbeitsabfolge neu und bestimmen Sie die erste Handlung für jedes Projekt!**

Nehmen Sie Ihre Unentschlossenheit gegenüber bestimmten Studienaufgaben, Ihre Zweifel an den Studieninhalten oder Ihre Unsicherheit bezüglich Ihrer Studienfähigkeit ernst. Es gibt Gründe für Ihre Gefühle und die müssen Sie herausfinden, um sie beheben oder um Entscheidungen revidieren zu können. **Oft ist es nicht das Problem einmal eine falsche Wahl getroffen, sondern das Problem, diese Wahl nicht rechtzeitig korrigiert zu haben.** Klären Sie Ihr Verhältnis zu Ihrem Studienfach oder dem Arbeitsbereich. Gegen den eigenen Willen kann kaum einer ein Studium bei sich durchsetzen!

Tipp

- Setzen Sie sich nicht an den Schreibtisch ohne einen Entschluss gefasst zu haben, was Sie tun werden. Legen Sie Pausen und Ende der Arbeitsphase fest!
- Sie sollten immer wissen, mit welchem Ziel Sie etwas tun wollen. Prüfen Sie – falls Sie unkonzentriert sind – in regelmä-

ßigen Abständen, womit Sie gerade beschäftigt sind (nutzen Sie z.B. die Weckfunktion des Handys).

- Legen Sie sich ein Blatt zurecht, auf das Sie alle Tätigkeiten und Vorhaben notieren, die während der Arbeit in Ihren Gedanken auftauchen. Machen Sie an die Notizen ein Kreuz, wenn sich die Gedanken an eine bestimmte Sache wiederholen.

- Reservieren Sie sich Zeit, um sich den Gedanken zu widmen, oder festzulegen, wann Sie die anderen Vorhaben bearbeiten wollen.
- Suchen Sie bei anhaltender Entscheidungsunsicherheit im Gespräch mit Freunden oder professionellen Berater/innen nach Orientierung.
- Wenn Sie sich für eine bestimmte Aufgabe entschieden haben, können Sie nichts anderes tun: Üben Sie, sich abzugrenzen und Nein- Zu- Sagen!

6.2 Motiviert statt lustlos

Im Studium wird es nicht ausbleiben, dass Sie sich für eine Arbeit engagieren wollen, zu der Sie keine Lust haben. Sie wissen, dass Sie dann in der Regel unkonzentriert sind, nicht vorankommen und irgendwann frustriert abbrechen. Dadurch beschäftigen Sie gerade die Tätigkeiten, die Sie am wenigsten mögen, besonders lang.

Können Sie herausfinden, was Ihnen die Motivation raubt? Fühlen Sie sich überfordert oder unterfordert? Sind Sie gelangweilt oder von den Ergebnissen Ihrer Anstrengung enttäuscht? Werden Sie durch die Aufgabe mit Defiziten, unangenehmen Erinnerungen konfrontiert? Sehen Sie keinen Sinn in der Anstrengung? Oder sind Sie überarbeitet und erschöpft?

Wenn Sie sehr unkonzentriert arbeiten, sich **erschöpft und müde** fühlen, müssen Sie Ihre **körperliche Kondition stärken:**

→ Machen Sie einen Spaziergang oder schlafen Sie aus, wenn es Ihr Zeitplan erlaubt.
→ Machen Sie mit etwas weniger Anstrengendem weiter.
→ Unterteilen Sie die Teilaufgabe weiter und reduzieren Sie die Arbeitsphasen auf 15 Minuten.
→ Legen Sie eine kurze Pause ein.
→ Machen Sie eine Entspannungsübung.
→ Essen Sie eine Kleinigkeit.

Nicht an allen Aufgaben lässt sich ein inhaltliches Interesse finden. Die **Kontextlosigkeit der Arbeit macht lustlos,** denn viele Theorien im Studium sind nur in Bezug auf etwas interessant, wenn die Bezugnahme fehlt, scheint die Beschäftigung damit sinnlos.

Bringen Sie sich, mit Ihren individuellen Eigenschaften, Fähigkeiten und Ihrer momentanen Lebenssituation ins Spiel! Klären Sie Ihre Einstellung gegenüber den Zielen und den einzelnen Arbeitsanforderungen. Versuchen Sie dabei eine konstruktive Haltung einzunehmen:

→ Verbinden Sie das Erreichen der Arbeitsziele mit positiven Eigenschaften von sich.

→ Stellen Sie sich vor, wie Sie sich fühlen werden, wenn Sie Erfolg haben.

→ Gehen Sie gedanklich die Arbeitsabläufe durch und machen Sie ein Ranking: was machen Sie davon gern, was weniger? Überlegen Sie, wie Sie die angenehmeren Aufgaben verteilen können.

→ In welcher Teilaufgabe könnte eine Herausforderung liegen?

→ Bevor Sie etwas lesen, machen Sie sich klar, was Sie wissen möchten.

→ Gestatten Sie sich Widerspruch: statt fremde Gedanken nur zur Kenntnis zu nehmen, stellen Sie sich die Aufgabe Gegenpositionen zu finden.

→ Formulieren Sie bei auferlegten Pflichten ein persönliches Ziel, was Sie für sich damit erreichen können.

→ Überdenken Sie Ihre Ansprüche! An welchem Selbstbild halten Sie fest, ist es der momentanen Situation angemessen?

→ Halten Sie fest: Sie arbeiten an eigenen Zielen und erfüllen nicht vorrangig die Erwartungen anderer.

Lustlosigkeit stellt sich ein, **wenn die Arbeit Sie überfordert.** Wenn Sie in einem Satz mehrere Begriffe nicht kennen, ist der Text/ die Aufgabe einfach zu schwer. Auch wenn Sie glauben, es sich zeitlich nicht leisten zu können, sollten Sie leichtere, in die Thematik einführende Texte vorschalten (Skript, Handwörterbuch) oder mit jemanden darüber sprechen und um eine Erklärung bitten.

Überprüfen Sie die Anforderungen und klären Sie Ihre (fachlichen) Voraussetzungen!

→ Knüpfen Sie an Erreichtem an: Steigen Sie bei neuen Aufgaben bei der Schwierigkeitsstufe ein, die Ihren Fähigkeiten entspricht.

→ Verschaffen Sie sich Erfolgserlebnisse: reduzieren Sie die Anforderungen, so dass Sie die Chance haben, die Erfolgskriterien zu erreichen.

An der Universität herrscht viel Bluff, Konkurrenz und immer treffen Sie auf Studierende, die mehr Erfahrungen und Fachwissen haben als Sie. **Fehlende Rückmeldungen** über eigene Leistungen können unter solchen Bedingungen mutlos machen und **demotivieren.** Wenn Sie nicht mehr wissen, ob Ihr Wissenstand den Anforderungen entspricht, hilft nur der Kontakt zu Dozenten, **holen Sie sich konkret auf einzelne Leistungen bezogen Rückmeldung!** Da das nicht immer im ausreichenden Maße möglich ist, ist es vorteilhaft, sich in Arbeitsgruppen zu organisieren, um sich über Inhalte und Arbeitsstrategien auszutauschen.

Gewöhnen Sie sich an, auch kleine Erfolge zu genießen und geizen Sie nicht mit Anerkennung für Ihre Anstrengung. **Womit belohnen Sie sich?** Egal, wie kurz Sie mit Ihrer Aufgabe beschäftigt waren, belohnen Sie sich danach. Gestalten Sie Ihren Arbeitstag so, dass immer auch etwas Angenehmes vorkommt. Planen Sie beispielsweise etwas ein, was Sie sonst vom effektiven Arbeiten abhält.

Die Arbeit macht keinen Spaß und interessiert Sie nicht. Sie finden keinen Zugang dazu:

Überprüfen Sie, ob die Arbeit wirklich gemacht werden muss. Vielleicht gibt es eine andere Möglichkeit den geforderten Leistungsnachweis zu erbringen? Mit wem lässt sich das besprechen? Wann? Hören Sie mit der ungeliebten Arbeit auf, legen Sie fest, wann Sie die Fragen klären und beschließen Sie, mit welcher Tätigkeit Sie nach einer Pause weitermachen werden. Beachten Sie dabei Ihre Prioritäten!

Tipp

- Überlegen Sie sich jeden Tag etwas, auf das Sie sich freuen können.
- Wenn Sie eine Arbeit vor sich haben, die Sie nicht gerne tun, machen Sie sich klar, wofür diese Arbeit wichtig ist.
- Setzen Sie kreative Arbeitsmethoden ein: nutzen Sie Visualisierungstechniken oder machen Sie sich einen Reim auf Ihr Tagesprojekt!
- Verschaffen Sie sich gute fachliche Grundlagen, dann machen Vertiefungen und Differenzierungen Sinn und verunsichern nicht.
- Legen Sie Pausen ein, Ihr Gehirn braucht beim Lernen Zeit und Ruhe zur Verankerung des Lernstoffes.

- Organisieren Sie sich zeitnah Rückmeldungen für Ihre Anstrengungen. Nutzen Sie Arbeitsgruppen, um über Fachinhalte sprechen zu können, das macht die Arbeit interessanter.
- Versuchen Sie nicht perfekt zu sein, sondern nehmen Sie sich stattdessen vor, aus Rückschlägen zu lernen!

6.3 Anfangen statt aufschieben

Sie haben ein klares Ziel, wissen, was Ihre erste Handlung sein soll und schieben das Anfangen trotzdem auf. Das passiert meist bei Vorhaben, von denen Sie Schwierigkeiten und Unannehmlichkeiten erwarten: besondere Anstrengungen, Langeweile oder Konfrontation mit Versäumnissen. Bei chronischem Aufschieben stehen meist manifeste **Konflikte** im Hintergrund, die sich auf Dauer nicht umgehen oder überspielen lassen. Sie sollten sich **professionelle Hilfe** suchen.

Wenn Sie zwar Ihre Arbeit im Großen und Ganzen erledigen, aber immer einen unerträglich langen Anlauf benötigen, dann unter Zeitdruck geraten und mit dem Gefühl leben, mit mehr Zeit mehr Erfolg haben zu können, führen die folgenden Hinweise weiter. Wer sich mit dem täglichen **Arbeitsbeginn** schwer tut, sollte sich **Rituale** ausdenken, beispielsweise:

→ Fangen Sie nicht gleich an, sondern warten Sie noch einmal fünf Minuten und schreiben Sie auf, was Sie gedanklich beschäftigt – und beginnen Sie dann ohne Unterbrechung mit Ihrer Arbeit.

→ Verordnen Sie sich ein Startsignal außerhalb Ihrer Kontrolle: wenn Ihre Nachbarin in der Bibliothek das nächste Mal umblättert oder wenn Sie das dritte Hupen von der Straße her hören – und beginnen Sie mit Ihrer Aufgabe.

→ Geben Sie sich noch einige Minuten: Fertigen Sie ein *Cluster* an, über den beschlossenen Arbeitsschritt – wenn Sie keine neuen Einfälle mehr finden, greifen Sie eine Assoziation auf und formulieren Sie dazu einen Satz, einen Vorsatz.

→ Beginnen Sie mit einem emotionalen Text über die anstehende Arbeit, in dem Sie Ihren Gefühlen ungehemmt freien Lauf lassen. Schreiben Sie sich den Frust von der Seele. Wechseln Sie die Perspektive und entwickeln Sie ein entgegen gesetztes Szenarium: Wie müsste die Aufgabe sein und wie der Mensch, der Sie gelassen erledigt? Versuchen Sie, in die Rolle dieses Menschen zu schlüpfen, ahmen Sie ihn nach und fangen an!

→ Legen Sie Arbeitseinheiten von zehn Minuten fest, und planen Sie die einzelnen Arbeitsschritte genau vor. Zum Beispiel: „Hauptaussage des nächsten Abschnitts erfassen."

→ Steigen Sie mit Nummer zwei Ihrer To-Do-Liste ein und wechseln Sie nach zehn Minuten zu Ihrer eigentlichen Aufgabe. Arbeiten Sie daran fünf Minuten und hören Sie danach damit wieder auf. Wechseln Sie – genau nach Zeitplan – noch einmal Ihre Aufgaben. Es ist gut möglich, dass sich Ihre Anfangswiderstände verringert haben und Sie Ihr eigentliches Vorhaben fortsetzen können.

→ Verabreden Sie sich zum Arbeiten an dem Projekt, das Sie vor sich herschieben.

Analysieren Sie, warum Sie bestimmte Aufgaben aufschieben. Identifizieren Sie die Bedingungen, Anforderungen, die die unangenehmen Gefühle auslösen. Generell sollten Sie auf **gute Arbeitsbedingungen** achten, also z.B. Ihre produktivsten Lernzeiten nutzen. Klären Sie die Motivation und die Einstellung zu der Arbeit und auch, wie wichtig Ihr Vorhaben eigentlich ist: notwendig oder wollen Sie sich zu ehrgeizigen, zusätzlichen Arbeitszielen zwingen? Wenn Sie feststellen, dass Sie zwar anspruchsvolle Ziele verfolgen, aber dabei die Arbeit häufig aufschieben, setzen Sie sich mit Ihren **Ansprüchen** und Ihrem **Perfektionismus** auseinander. Wenn Sie Ihre Forderungen an sich nicht aufgeben wollen, machen Sie sich bewusst, dass dieser Luxus teuer ist: er kostet (Lebens-) Zeit!

Tipp

- Führen Sie Rituale ein und strukturieren Sie Ihren Arbeitstag, das gibt Ihnen mehr Kontrolle darüber, wie Sie Ihre Energie und Zeit einsetzen.
- Bevor Sie mit einer Arbeit aufhören, hinterlassen Sie sich ein „Übernahmeprotokoll". Notieren Sie genau, was erledigt wurde und wie es weitergehen soll.
- Wenn Sie einen Text verfassen müssen, hören Sie mitten im Satz auf. Das erleichtert Ihnen beim nächsten Mal den Einstieg.
- Planen Sie so, dass Sie, wenn Sie nach einer längeren Pause Ihre Arbeit fortsetzen wollen, noch etwas überarbeiten oder fertig stellen können und beginnen Sie erst nach dem kleinen Erfolgserlebnis mit neuen Teilaufgaben.
- Definieren Sie den Umständen entsprechende realistische Ziele und geben Sie sich dafür ausreichend Zeit.

6.4 Zuversichtlich statt besorgt

Erfolgreiches Selbstmanagement setzt Selbstakzeptanz voraus. Wenn Sie unzufrieden sind, wie Sie die Arbeit organisieren oder damit, wie unausgewogen Sie Ihre Energie zwischen Arbeit, Freizeit und sozialen Beziehungen verteilen, wie hartnäckig Sie sich vor Entscheidungen drücken, geht es Ihnen auf Dauer nicht gut. Sie müssen zuerst dafür sorgen, dass Sie Ihr Selbstwertgefühl wieder stärken. Gestehen Sie es sich zu, dass Sie es bisher nicht besser geschafft haben und beschließen Sie, dass Sie nun andere Akzente setzen werden. Machen Sie sich den Vorsatz nicht durch Selbstvorwürfe madig!

Durch quälende Gedanken über die eigenen Unfähigkeit und Erfolglosigkeit können Arbeitsstörungen hervorgerufen werden. Der Bewältigung bedrohlicher Situationen wird psychisch Vorrang eingeräumt, die Sorgen ziehen die Aufmerksamkeit auf sich und Sie arbeiten mit weniger Energie und Konzentration. **Negative Gefühle blockieren** oder führen zu einem **Teufelskreis** mit traurigem Ausgang.

Ersetzen Sie das Angstbild des Scheiterns durch ein erwünschtes Bild des Erfolgs. Erinnern Sie sich an positive Arbeitserlebnisse und überlegen Sie, wann und wie sind Ihnen die guten Lernerfahrungen abhanden gekommen?

Wenn Sie Ängste entwickeln, ein für Sie wichtiges Vorhaben nicht realisieren zu können, dann sollten Sie **rational reagieren** und folgende Übung durchführen:

Übung

- Machen Sie sich den Zusammenhang von Gedanken und Gefühlen klar: Gedanken, die sich auf das mögliche Scheitern des Projekts richten, erzeugen und verstärken negative Anspannungen und Ängste. Jemand, der zuversichtlich denkt, („Ich mache jetzt eine Pause und werde mir dann den Text in mehrere kleinere Portionen einteilen, dann schaffe ich es!"), wird schnell ruhiger werden. Jemand, der das Scheitern vorweg nimmt („Ich werde den Text niemals verstehen, das ist furchtbar.") immer angespannter.
- Identifizieren Sie die negativen Gefühle: Prüfen Sie, mit welchen Gedanken Sie Ihre Beunruhigung schüren! Wenn Sie plötzlich mutlos oder ängstlich werden, stellen Sie fest, welche Gedanken vorangingen.
- Überprüfen Sie Ihre Gedanken kritisch: Sind diese Gedanken berechtigt? Vielleicht ist der Text ja sehr schwer verständlich, aber stimmt es, dass Sie ihn nie verstehen können und

dass dies entsetzliche Folgen auslöst? Vielleicht gibt es ja noch andere Methoden den Text systematisch zu analysieren, beispielsweise mit einem Kommilitonen?

- Machen Sie sich bewusst, dass Ihre Gedanken Ihre Gefühle beeinflussen: Wie fühlen Sie sich, wenn Sie an Katastrophen denken, wie wenn Sie sich an Erfolgserlebnisse erinnern? Können Sie mit diesen Überlegungen störende Gefühle abmildern, verhindern?
- Formulieren Sie gegen Befürchtungen positive Gegenargumente: Statt sich beispielsweise mit Sätzen zu beunruhigen wie: „Ich werde das alles nicht schaffen, ich bin viel zu langsam!" Sollten Sie sich sagen. "Ich werde auf jeden Fall weiterkommen – und wenn ich feststelle, dass mein Plan nicht realistisch ist, werde ich mir überlegen, welche Konsequenzen ich ziehen muss."
- Leisten Sie Widerstand gegen sorgenvolle Gedanken: Sorgen sind Vermutungen, Befürchtungen, keine Prophezeiungen. Setzen Sie wie Sportler bewusst zuversichtliche, anspornende Aussagen dagegen.

Bleiben Sie grundsätzlich konstruktiv mit sich, auch wenn Sie sich ärgern, weil Sie sich mit unwichtigen Aufgaben vertrödeln oder wenn wieder Chaos statt Ordnung herrscht. Unterstützen Sie sich mit Sätzen wie: „Da ich unzufrieden bin, entscheide ich mich jetzt für ein anderes Vorgehen, um meine Vorhaben umzusetzen."

Tipp

Setzen Sie Rationalität gegen Ihre Besorgnis ein: bewahren Sie einen kühlen Kopf!

Wenn sorgenvolle Gedanken auftauchen, entspannen Sie sich bewusst.

Registrieren Sie die Gedanken, reagieren Sie gelassen uns sagen Sie sich Sätze wie: „Ob das stimmt, wird erst die Zukunft zeigen. Jetzt ist es nicht wichtig."

Wenn die Gedanken Sie nicht loslassen, setzen Sie sich mit den logischen und realen Grundlagen auseinander und formulieren Sie konstruktive Alternativen.

Bei automatisch ablaufenden negativen Gedanken, sagen Sie sich Stopp und aktivieren Sie ein positives inneres Bild.

7. Glossar

Arbeitsjournal, Lerntagebuch oder Wissenschaftsjournal
Arbeitsjournale, Wissenschaftsjournale und Lerntagebücher sind ausgezeichnete Methoden, den eigenen Lernprozess zu reflektieren. Sie lassen sich nutzen, um Fragen zu klären, Lernschritte zu planen, Inhalte und Lernsituationen zu reflektieren und weiterführende Fragen sowie Literaturhinweise festzuhalten. Bei solchen Aufzeichnungen verarbeiten Sie – selbst wenn Sie mehr über Methodisches nachdenken – immer auch inhaltliche Informationen, was Ihr Wissen vertieft und Ihnen hilft, es länger präsent zu haben.

In psychologischen und pädagogischen Untersuchungen haben sich Arbeitsjournale und Lerntagebücher als für das Verständnis und die Bewältigung von inhaltlichen Problemen unterstützend erwiesen. Vor allem wenn Sie zum Grübeln neigen, sollten Sie nicht das eigene Gedankenkreisen niederzuschreiben, sondern sich an Fragen orientieren, wie:

→ Was habe ich heute erarbeitet?
→ Wie bin ich vorgegangen, in welcher Stimmung habe ich begonnen?
→ Gab es Stimmungsänderungen? Was war der Anlass? Was hat mich fasziniert, was gelangweilt, was abgelenkt?
→ Hat sich meine Arbeitsweise bewährt?
→ Welche Probleme sind aufgetaucht? Welche Lösungen habe ich gefunden? Was ist offen geblieben?
→ Womit bin ich zufrieden? Womit nicht? Warum?
→ Was hat mich frustriert?
→ Welche Aufgabe habe ich gern erledigt? Welche nicht? Welche habe ich vermieden?
→ Arbeite ich effektiv?
→ Was habe ich für den nächsten Arbeitstag vor?

Beim Führen von Journalen lassen sich unterschiedliche Akzente setzen:

→ Beim *Arbeitsjournal* steht die Beobachtung und differenzierte Bewertung des Arbeitsverhaltens und der Arbeitsergebnisse im Mittelpunkt. Das Abfassen eines Journals hilft Ihnen, die zeitliche und inhaltliche Organisation Ihrer Studienaufgaben zu verbessern und stärkt Ihre Selbstdisziplin. Sie entwickeln ein Verständnis für Ihre Art, Lernaufgaben zu bewältigen, da Sie Ihre Reaktionen auf unterschiedliche

Lerninhalte und die verschiedenen Arbeitsanforderungen kennenlernen. Sie stärken Ihre Motivation, weil Sie zunehmend genauer einschätzen, was Sie realistisch von sich an einem Arbeitstag erwarten
können, und Sie erhalten eine Übersicht über das Erreichte.

→ Das *Lerntagebuch* reflektiert Lernerfahrungen und fokussiert dabei
   auf Einstellungen und Motivation, sie zeigen Stärken und Schwächen
   auf und machen (gute und schlechte) Angewohnheiten bewusst. Sie
   decken auf, welche Problemlösungsstrategien benutzt werden, welche
   Teilaufgaben man gern erledigt und welche man vor sich her schiebt.
   Die Absicht besteht darin, Selbstreflexion anzuregen und zunehmen-
   de Kompetenz zu verdeutlichen. Der Lernprozess steht im Zentrum
   der Betrachtungen.

→ Ein *Wissenschaftsjournal* dient der Erarbeitung von wissenschaftlichen Themen und der Organisation von Wissen. Besonders bei der
   Vorbereitung von wissenschaftlichen Ausarbeitungen können zum
   einen (spontane) Einfälle und Kommentare zu Fachinhalten festgehalten werden. Das übt im Verschriftlichen von wissenschaftlichen
   Ideen, hilft fachbezogene Informationen zu strukturieren sowie Inte-
   ressensschwerpunkte und Fragestellungen zu erarbeiten.

Ein Arbeitsjournal können Sie als Tabelle anlegen, indem Sie für jeden
Tag einen Eintrag zu verschiedenen Aspekten des Arbeitsverhaltens vornehmen. Die Tabelle können Sie bequem als Datei einrichten und das
Journal auf Ihrem PC führen. Eine Vorlage finden Sie hier: www.utb-
mehr-wissen.de.

Arbeitsjournal

	Lernziel	Lern-aktivitäten	Lernziel erreicht ja / nein	Bewertung	Vertiefung / Weiter-führung
	Was möchte ich am Ende des Arbeits-tags erreicht haben	Was mache ich, um das Lernziel zu erreichen?		Was war positiv bei meiner Arbeit und was hat nicht so gut funktioniert?	Was muss ich noch vertiefen? Wie will ich weiterarbei-ten?

Cluster – der assoziative Einstieg ins Thema
Clustering (Clustern) ist ein Verfahren des Brainstormings, eine Art, Assoziationen graphisch festzuhalten.

Um ein Cluster zu erstellen, benötigen Sie ein Blatt Papier. Schreiben Sie in die Mitte das Stichwort, zu dem Sie Einfälle suchen, beispielsweise einen Begriff aus den Thema, über das Sie schreiben wollen. Kreisen Sie diesen Begriff ein. Konzentrieren Sie sich auf dieses Wort, schließen Sie einen Moment die Augen und schreiben dann alles nieder, was Ihnen in den Sinn kommt, alle Einfälle, Erinnerungen, Gefühle. Zensieren Sie nicht, lassen Sie alles zu. Schreiben Sie Ihre Einfälle kreisförmig um den Ausgangsbegriff, kreisen Sie auch die neuen Begriffe ein und verbinden Sie unter Umständen eine spontane Abfolge von Einfällen zu Assoziationsketten. Ziehen Sie Verbindungslinien zwischen dem Ausgangsbegriff und den neuen Einfällen. Schreiben Sie Ihre Einfälle so nieder, wie Sie Ihnen einfallen, einzeln, in Ketten oder Gruppen. Erzwingen Sie keine Weiterführung von Gedankenketten und prüfen sie Ihre Einfälle nicht auf Zusammenhänge und Logik. Überlassen Sie beim Aufschreiben Ihren Einfällen die Regie, lassen Sie sich treiben.

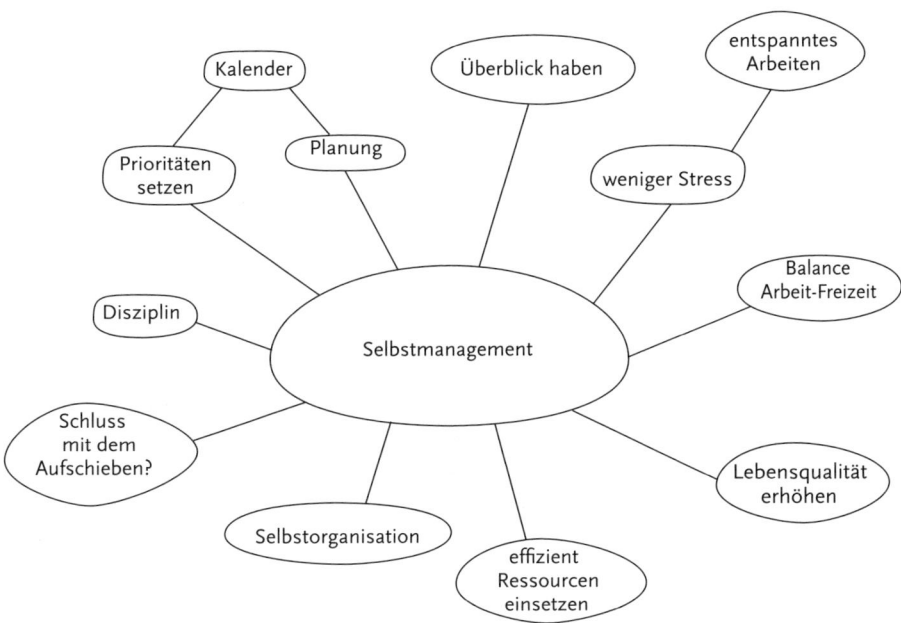

Grafik 6

Viele Informationen, die Menschen aufnehmen, werden nur bildlich ver-
arbeitet und sind durch das begriffliche Denken nicht unmittelbar abzu-
rufen. Das Clustern von spontanen Assoziationen unterstützt als nichtli-
neares Brainstorming-Verfahren den Zugriff auf solche Informationen
und Erinnerungsinhalte. Dabei kommen intuitive Ideenverknüpfungen
und innere Zusammenhänge spontan zum Ausdruck und es zeigen sich
erste Strukturen im Ideenfluss.

Flussdiagramm Ein Flussdiagramm ist eine strukturierte, graphische Darstellungsform, die Zusammenhänge und Prozessabläufe anschaulich wie-
dergibt. Die einzelnen Elemente werden durch Pfeile verbunden, die Pfeil-
richtungen geben die Reihenfolge bzw. Hierarchie von Verarbeitungs- oder
Argumentationsschritten an.

Mindmap – die Strukturierung eines Themas

Mind-Mapping ist eine Strukturierungs- und Visualisierungstechnik, die
ähnlich wie das Clustering sprachliches und bildhaftes Denken zusam-
menbringt. Wissensinhalte werden mit durch Brainstormingmethoden
gefundenen Einfällen und mit gezielt recherchierten Informationen in
Beziehung gesetzt, so dass ein Netz von Begriffen entsteht.

Beim Mind-Mapping schreiben Sie den zentralen Begriff oder Ihr Thema
in die Mitte eines leeren Blattes. Danach notieren Sie Ihre Einfälle, relevante
Stichpunkte, Fakten und Informationen auf kleine Zettel und sortieren diese
nach ihrem inhaltlichen Zusammenhang und benennen diesen. Sie erhalten
so Gruppen von Stichpunkten und Begriffen, die jeweils einer Überschrift
zugeordnet werden können. Diese Überschriften, Schwerpunkte Ihrer Ideen-
und Informationssammlung, bezeichnen die Hauptäste Ihres Mind Maps,
die von dem Ausgangspunkt /Thema strahlenförmig ausgehen. Verteilen Sie
die dazugehörenden Begriffe in Gruppen oder Assoziationsketten um die
Hauptäste. Überlegen Sie dabei, ob alle Begriffe gleichbedeutend sind, oder
ob es eine (hierarchische) Ordnung gibt. Sortieren Sie die Einfälle entsprechend und zeichnen Sie diese als Abzweigungen der Hauptäste ein. Die
Abzweigungen tragen zum Thema gehörende Schlüsselwörter, während die
Hauptäste die Themenschwerpunkte auf relativ abstrakter Ebene bezeichnen.
Wenn Sie unsicher sind, wo Sie einen bestimmten Einfall einordnen können,
weil mehrere Möglichkeiten bestehen, notieren Sie ihn mehrfach, wo immer
er sinnvoll untergebracht werden kann. Betrachten Sie Ihr Mindmap als erste Idee das Thema zu strukturieren. Sie können das Mindmap bei Bedarf
weiter differenzieren und durch neue Einfälle und Informationen erweitern.

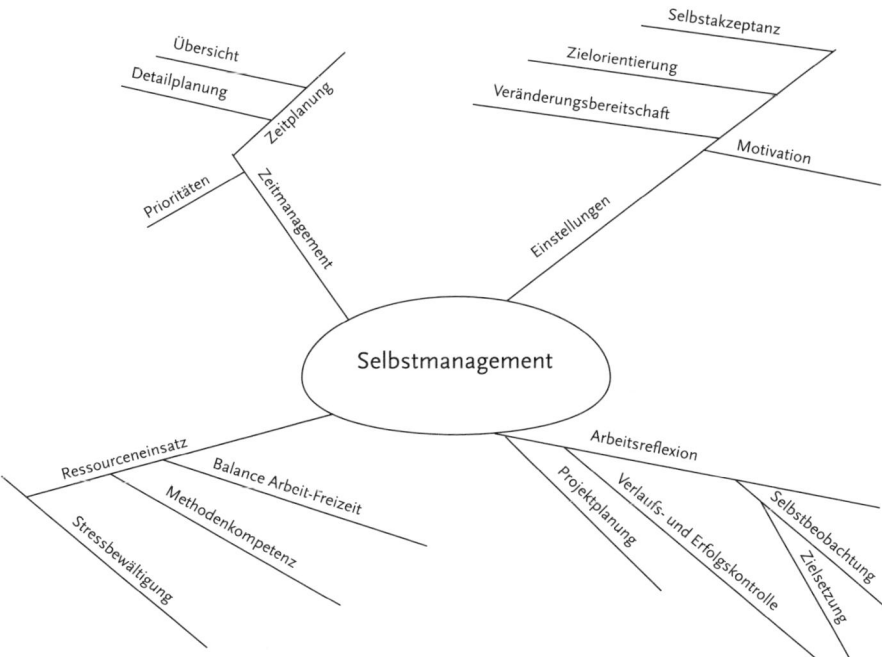

Grafik 7

Durch diese Darstellungsform lassen sich zentrale Ideen gut herausstellen. Im wissenschaftlichen Zusammenhang wird das Verfahren eingesetzt um eine Übersicht über ein Thema zu erarbeiten, zum Strukturieren und Gliedern von gelesenen oder zu schreibenden Texten.

8. Literatur

Die angegebenen Bücher eignen sich gut, um Wissen über Arbeitsmethoden und Lernverhalten zu vertiefen:

Esselborn-Krumbiegel, Helga, *Von der Idee zum Text*, Paderborn: Schöningh UTB, 2002, (3.Aufl. 2008).

Esselborn-Krumbiegel, Helga, *Leichter lernen. Strategien für Prüfung und Examen*, Paderborn: Schöningh UTB, 2006, (2.Aufl. 2007).

Reysen-Kostudis, Brigitte, *Leichter lernen, Für ein erfolgreiches Lernmanagement in Studium und Beruf*, Heidelberg: mvg, 2007.

Rückert, Hans-Werner *Schluss mit dem ewigen Aufschieben*, Frankfurt: Campus 1999, (6. Auflage 2006).

Steinbuch, Ursula, *Raus mit der Sprache*, Frankfurt: Campus 1998, (3. Auflage 2005).